헌법수호는 국민의 사명이다

엮은이 **대한민국헌법수호단**
대한민국 헌법수호단[총단장 이종만(제2대)]은 국가가 저지른 불법탄핵에
침묵할 수 없어, 자발적으로 결성된 국민저항 준법투쟁 시민단체다.

주 집필인 **박상구**
공군 군사법경찰관(헌병부사관)
고려대 법학과 졸업
법률신문, 대법원 등 법조출입기자
교통사고해석연구원 선임연구원
법무법인 등 법률상담실장 역임
현, 대한민국 헌법수호단 명예 총단장
책1.『교통사고 원인분석과 해결의 법률지식』
책2.『대한민국은 왜 불법탄핵을 저질렀나?』
책3.『헌법수호는 국민의 사명이다』

inetcs@daum.net

헌법수호는 국민의 사명이다

Constitutional Rebellion in 2017, Guarding
the Constitution is the mission of the people

2017년, 국회와 헌법재판소의
정유법란을 법리로써 상세히 밝히다

대한민국헌법수호단 엮음

한가람서원

다시 핀 무궁화

대한민국 대통령 박근혜
정유丁酉법란에서 갑진甲辰귀환정의와
진실의 역사 위에 다시 떠오른다.

국민교육헌장

  우리는 민족중흥의 역사적 사명을 띠고 이 땅에 태어났다. 조상의 빛난 얼을 오늘에 되살려, 안으로 자주독립의 자세를 확립하고, 밖으로 인류공영에 이바지할때다. 이에, 우리의 나아갈 바를 밝혀 교육의 지표로 삼는다.

  성실한 마음과 튼튼한 몸으로, 학문과 기술을 배우고 익히며, 타고난 저마다의 소질을 계발하고, 우리의 처지를 약진의 발판으로 삼아, 창조의 힘과 개척의 정신을 기른다. 공익과 질서를 앞세우며 능률과 실질을 숭상하고, 경애와 신의에 뿌리박은 상부상조의 전통을 이어받아, 명랑하고 따뜻한 협동 정신을 북돋운다. 우리의 창의와 협력을 바탕으로 나라가 발전하며, 나라의 융성이 나의 발전의 근본임을 깨달아, 자유와 권리에 따르는 책임과 의무를 다하며, 스스로 국가 건설에 참여하고 봉사하는 국민정신을 드높인다.

  반공 민주 정신에 투철한 애국 애족이 우리의 삶의 길이며, 자유 세계의 이상을 실현하는 기반이다. 길이 후손에 물려줄 영광된 통일 조국의 앞날을 내다보며, 신념과 긍지를 지닌 근면한 국민으로서, 민족의 슬기를 모아 줄기찬 노력으로, 새 역사를 창조하자.

      1968년 12월 5일

                  대통령 박 정 희

세상에는
변치 않는 마음과
굴하지 않는 정신이 있다.

순수하고
진실한 영혼들도 있다.

그러므로 자신이 가진
최상의 것을 세상에 주라.

그렇게
이 세상 사람들
모두 잠들고
어둠 속에 갇혀서
꿈조차 잠에 들 때,

홀로 일어나
새벽을 두려워 말고
별을 보고 걸어가는
선구자가 되라.

거룩하고
아름답게
희망을 만드는
홀로 서는 선구자 되라.

차례

PART 1 50만 대한국군과 117만 공무원, 국민에게 고함

50만 대한국군과 117만 공무원, 국민에게 고함高喊 ... 13

PART 2 국민저항권 행사로서의 준법투쟁

1. 불법 탄핵, 그 무효의 보고서報告書 ... 29
2. 대한민국, 그 정의로운 법치사회 구현을 위하여 ... 35
   - 피소추인 대통령 박근혜의 재심청구 가능성 ... 35
   - 헌법재판소의 위헌결정, 법원에서 다툴 수 있다 ... 36
   - 대통령 박근혜는 파면·궐위된 바 없다 ... 39
   - 불법 탄핵의 당연무효는 국민저항권 행사에 자유롭다 ... 41
   - 지방법원에까지 탄핵무효 소송이 이르게 된 원인과 법리 ... 45
3. 정유법란의 거국적 법률착오에 빠진 국민을 깨운다 ... 47
   - 국가 구성요소의 붕괴와 분열 ... 47
   - 그래도 나 살기 위한 몸부림 아니었던가? ... 52
   - 법과 정의를 팽개친 부역질인 줄도 모르고 ... 54

PART 3 탄핵 불발이 웬 말인가?

1. '정유법란', 이 많은 위법성 ... 63
   - 대의민주제의 전당인 국회國會는 ... 63
   - 헌법을 수호한다는 헌법재판소憲法裁判所는 ... 68
2. 불법 탄핵에 의한 파면무효의 법리 ... 78
   - 국가공법상의 '강행규정 위반'이었다 ... 78

허용될 수 없는 위법한 행정행위는 당연무효	79
강행법규를 위반한 법률행위의 무효성	81
선행처분과 후행처분의 상관관계	84
국가 공법상의 강행규정 위반과 대법원 판례	89

PART 4 헌법수호단의 위국爲國 해법론

1. 헌법수호의 당위성 97
불법 가짜 대통령에 미친 예우 97
문재인의 간첩질, 반란이었다 100

2. 원상회복 108
원상회복할 근거 108
원상회복할 업무 112

3. 국헌문란(형법 제91조) 반역혐의의 '내란죄' 구성 114
국헌문란의 국가반란 114
북한의 반국가 단체성 116
국헌문란의 국가반역 119
적법한 대통령을 불법 체포·감금 124
대한민국에 항적하는 여적죄 형성 126

4. 행정상의 취소 및 무효, 환수 127
가짜 대통령에게도 연금 주는 나라 127
가짜라도 10년 동안 계속되는 경호지원 128
퇴역한 가짜 대통령도 의전 예우 128
본인 및 그 가족에 대한 치료 129
가짜 공화국 정무직 '당연상훈' 환수는 당연필수 129
부적법한 대통령으로부터의 국군통수권 배제 130

5. 민사상의 환수와 배상청구 132
국가에 대한 민사책임 132
국민에 대한 민사책임(국민의 권리행사를 방해, 직권남용) 138

PART 5 대통령 박근혜님께 드린 편지

1. 민족중흥을 위한 역사적 사명을 다해 주실 것을 학수고대합니다   149
2. 대통령님께서 2016헌나1 탄핵심판 재심청구 하십시오!   156
3. 정의로운 대통령의 '초헌법적 비상대권'이 필요하다   160
4. 박근혜 대통령의 임기는 법 그대로 살아 있다   165
5. 먼 훗날의 역사평가에 맡길 불법 탄핵이 아닙니다   171

Appendix High shouting to 500,000 Korean soldiers and 1.17 million civil servants

High shouting to 500,000 Korean soldiers
and 1.17 million civil servants   179

PART

1

50만 대한국군과 117만 공무원, 국민에게 고함高喊

50만 대한국군과 117만 공무원, 국민에게 고함高喊

국민 여러분, 50만 대한국군과 117만 공무원 여러분!

오직 대한민국의 국법을 정의롭게, 그 공권력은 정당하게 지키고자 하는 대한민국 헌법수호단입니다. 2017년 3월에 이 나라 대한민국에서 '정유법란丁酉法亂'이 있었음을 아십니까?

대한민국 헌법수호단이 감히 50만 대한국군과 117만 공무원 여러분께 이 나라의 파괴된 헌법을 함께 수호하고자 하는 간절한 구국의 심정으로 여러분께 고함칩니다.

우리 국민 모두가 다 잘 알고 있는 2017년 3월 10일에 헌법재판소에서는 박근혜 대통령께서 국정농단을 일으킨 것으로 입방아 찧으며, 법률에 지극히 고명한 헌법재판관들이 "대통령 박근혜를 파면한다"고 선고했습니다. 그 파면 선고는 국회와 헌법재판소가 헌법과 법률을 파괴하여 저지른 '파면'으로서의 효력이 원천적으로 발생하지 못했습니다.

마치 총알 없는 빈총을 조준하고서 방아쇠를 당겨봄과 같은, '정유법란' 헌법재판관들의 파면 선고 그것은 이 나라를 훔쳐 갈 '국가반란'이었습니다. 저희 헌법수호단이 올리는 서두의 이런 말씀이 여러분들께 그저 허무맹랑합니까? 아니면, 놀랍습니까? 아니면, 국민으로서 당황 거북스럽습니까?

효력발생 요건을 갖추지 못한 불법 탄핵으로 그들 재판관들의 '파면' 결정은 저절로 아무것도 아닌 무효입니다. '정유법란'의 탄핵정국에서 나라를 망칠 촛불 반란이 갈구했던 바와 달리, 박근혜 대통령께서는 그들의 섣부른 불법 탄핵으로 인하여 탄핵, 파면, 궐위되지 못했습니다.

헌법 제68조에도 어긋나는 '대통령이 궐위된 때에는… 후임자를 선거한다'고 규정되어 있습니다.

대통령으로서 '하야' 종용을 거부하고서, 대통령의 형사불소추특권도 무색하게 반란 세력들에 의해 불법수사, 구속감금, 부당한 형사재판을 거쳐 기결수로서의 삶을 수년간 감내한 것입니다.

탄핵될 만큼의 죄 없이, 말이 안 되는 억울한 처분이 여러분 자신의 삶에 와 닿았을 때, 박근혜 대통령께서 감내하셨듯 여러분들께서도 순순히 받아들일 수 있겠습니까? 당신의 자리를 파면하는 그 양상, 『국가운영을 위한 공법상의 강행규정을 위반하면 아무런 법률효과가 발생하지 않고 저절로 무효』인데도…?

국회가 박근혜 대통령을 탄핵소추 의결하면서,

① 탄핵할 적법한 증거는 전혀 없고, 풍문만을 탄핵소추의 증거로 삼았던 것입니다.

② 증거 없는 탄핵소추로서 대통령에 대한 호·불호에 관점을 둔

인민재판식 찬반의 위법한 탄핵소추 가결이었습니다.

③ 탄핵심판 심리 중에 탄핵소추의결서를 무단 수정 변경한 제출은 국회의 재결의도 거치지 않은, 국회 법사위원장 권성동 임의의 것이었습니다. 더구나, 이 변경 제출된 탄핵소추의결서는 처음 39쪽 분량이 73쪽의 분량으로 배나 늘어난 것이었습니다.

헌법재판소는 박근혜 대통령을 탄핵심판하면서,

④ 헌법재판은 국회의 정상적 고유권한인 탄핵소추의결권 행사마저 무시한 국헌문란의 불법 탄핵심판을 했습니다.

⑤ 당시 퇴임하는 헌법재판소장은 그 자신의 퇴임 전에 응당 해야 할 헌법재판관 충원을 하지 않고서, 퇴임함으로써 전원재판부 구성을 회피한 위법행위를 자초했습니다.

⑥ 헌법재판은 8명으로는 '심리'만 가능한데도, 결원재판부인 상태에서 박근혜 대통령의 재판받을 권리를 중대하게 침해한 채, 무단히 '파면 결정'을 했습니다.

⑦ 그들 헌법재판관들은 무단 불법으로 수집한 증거로써 탄핵심판의 파면 결정을 선고했습니다.

⑧ 그 주심 헌법재판관은 탄핵심판의 양 당사자의 동의로써 국회 결의를 거치지 않은 탄핵소추의결서 변경에 관한 허위공문서작성 교사 및 강요를 범했던 것입니다.

⑨ 헌법재판관들은 행위시 이후에 장차로 시행될 법률을 위법하게 앞당겨 적용하는 불법 탄핵을 저질렀습니다.

⑩ 재판받을 권리의 본질적 내용을 침해하는 법 해석 적용의 원칙에 반하는 반란의 심판이었습니다.

⑪ 재판관은 헌법과 법률에 의하여 양심에 따라 독립하여 심판했

어야 함에도 그런 독립성 공정성도 없는 총체적 불법 탄핵이었습니다.

⑫ 대한민국 최고의 법률업무를 소관하는 헌법기관인 헌법재판소는 현직 현직 대통령을 탄핵심판하는 과정에서 헌법재판관들은 헌법재판을 마치 일반 민간인들 간의 이해충돌에 의한 송사 다루듯 양측에 조정까지 했습니다.

⑬ 헌법 제84조 '대통령은 내란 또는 외환의 죄를 범한 경우를 제외하고는 재직중 형사상의 소추를 받지 아니한다' 했고, 하위법인 헌법재판소법 제48조(탄핵소추) 규정에는 '다음 각 호의 어느 하나에 해당하는 공무원이 그 직무집행에서 헌법이나 법률을 위반한 경우에는 국회는 헌법 및 국회법에 따라 탄핵의 소추를 의결할 수 있다'는 규정입니다.

이런 상위법을 물리치고서, 하위법으로 탄핵심판을 하고, 탄핵·파면·궐위 당하지 않은 대통령을 형사소추 및 기결수로까지 엮어 투옥시켰음이니, 관련 법조인들의 고의성 있는 위법행위로써 실수와 그 책임이 실로 막대하다 아니할 수가 없습니다.

내란 또는 외환의 죄를 범하지 않은, 또한 탄핵절차 위반을 미뤄두고서 보더라도, 탄핵될 만큼의 중한 죄가 없었던 대통령에게 먼저 하위법으로 권좌에서 내치고서는, 상위 헌법상의 '재직 중 형사상의 소추'권을 행사한 '상위법 우선의 원칙'도 배제, 무시한 고의성 있는 탄핵의 법 절차에 편승한 반란의 위법을 범하였던 것입니다.

이렇듯 부적법한 헌법재판의 진행으로 인한, 짧은 시간에 피소추인의 변론인들이 소추인인 국회가 제출한 엄청난 양의 보충의견서 및 증거자료들을 충분히 제대로 살필 여유도 없을 만큼의 과다한 서류와 촉박한 기일진행으로 불법 탄핵의 파면 선고에 이르렀던 것입니다.

불법 탄핵으로 파면무효에 이른 사정이 이러했습니다. 일반인도 아닌, 대통령 탄핵에 이런 말도 안되는 불법 탄핵이었음에도 중앙선거관리위원회는 실시할 이유가 없는 원인 무효의 대선을 실시하여 다수득표자인 문재인과 이후 윤석열을 이 나라의 불법 가짜 대통령으로 뽑아줘서는 불법 통치하게 하는 가짜 공화국을 연 것입니다.

이런 가짜 공화국에서, 선거 관리상의 부정선거 사례와 그 증거는 차고 넘칠 정도로 많이 밝혀져 있습니다. 부정선거의 이런 차고 넘치는 증거 자료가 있음에도 불법 가짜 공화국이 장악한 사법부의 대법원 역시 그 진정성 있는 정의를 밝혀 주기를 거부해 왔습니다.

원인무효의 대통령선거에서 다수 득표자였던 문재인과 이후의 윤석열은 그들이 대한민국 대통령으로서의 권한을 행세할 수 있는 법적 정당성과 통치권 행사의 적법성을 찾을 수가 없습니다.

국민 여러분. 불법 가짜 공화국 수괴 문재인과 윤석열의 지금 이런 중대한 불법 범죄 사실을 알고 있었습니까?

50만 대한국군 장병 여러분. 우리 헌법은 50만 대한국군 여러분에게 「국군은 국가의 안전보장과 국토방위의 신성한 의무를 수행함을 사명으로 하며, 그 정치적 중립성은 준수된다」하며, 여러분의 역할은 '국가의 안전보장'이 최우선입니다.

117만 공무원 여러분. 여러분은 공무원으로서의 집단 행위의 금지, 정치 운동 금지 등을 지키면서, 선서의 의무, 복종의 의무, 비밀엄수의 의무, 청렴의 의무, 품위유지의 의무 등 여러 가지 신분상의 의무가 있습니다.

그런데도 50만 대한국군과 117만 공무원 여러분들은 우리 형법상의 범죄단체 수괴 문재인과 윤석열, 그리고 그들의 조직적 정치공작을 위한 반국가적 국가 반란 이권카르텔 조직원들의 지시를 그들에게 전혀 의심 없이, 반항 없이, 법률상 원인 없는 부당한 지시마저도 순응하며 복종하고 있습니다.

여기에 인간으로서, 국민으로서의 존엄성이 있었습니까? 국가안보를 적법한 국군통수권자의 뜻에 따라 받들었습니까? 국민의 공복으로서, 진정한 국민을 위하여 적법하게 공무를 집행하였습니까? 공법상의 조직이거나 사조직에 있어서도, 정당한 업무지시가 아닐 때는 거부할 권리가 있는, 그런 거부는 정당행위인 것입니다.

50만 대한국군과 117만 공무원 여러분!

공무를 집행하는 여러분은 이런 정도는 익히 알고 있는 수준의 대한민국 국민으로서 그들이 가짜 공화국 불법 통치자들 임에도 불구하고, 그들에게 입바른 말 한마디 하지 못하고, 그러기를 벌써 7년째, 국가반란범들을 위해 순응 복종하면서 대한민국 국민이 주는 녹을 받고 있습니다.

대한민국 국민으로서, 50만 대한국군과 117만 공무원의 일원인 여러분, 전혀 적법성이라고는 찾을 수 없는 국가 반란의 괴뢰 수괴들에게 머리를 조아리고, 순응 굴종하는 태도는 참으로 부끄럽지 않습니까? 도둑을 맞으려면 짖던 개도 자듯이, 1987년 6월에는 직장 퇴근을 하고서도 거리로 나서서 민주항쟁을 불러 일으켰습니다.

하지만, 2017년 3월, 국가반란을 일으킨 '정유법란'이 있은 줄도 잘 모르고, 그 적들에 의하여 여러분들의 대표로서 탄핵될 죄 없으신 박근혜 대통령이 우리를 대표하여 앞서 1번으로 감옥 안에 내쳐졌던 것입니다.

대한민국 이 나라는 지금 적법성 없는 불법 가짜 공화국 2기 동안의 7년을 문재인과 윤석열로부터 무단통치를 받고 있습니다. 나라가 통째로 적화의 늪으로 도둑질을 당해 빨려 들어가고 있어도 "여러분은 안녕하십니까?"

탄핵할 증거도 없는 탄핵소추로써 국정을 개판친 234인의 국회의원, 헌법을 지키라 했더니, 헌법을 파괴하고, 불법 탄핵으로 대통령을 왕따놀이로 내친 9인의 헌법재판관들, 이런 헌법재판관들의 '파면' 선고를 받아들이자고 앞장서 기만선동한 대통령 권한대행자로부터도 우리는 거국적인 속임을 당하였던 것입니다.

그들은 형법 제91조상의 '국헌문란'으로 국가 반란을 일으킨 반역죄인들입니다. 그들은 박근혜 대통령 탄핵에만 목적이었던 것이 아니라, 대한민국 자유민주 국가의 정체성에 대한 체제 전복을 도모한 대통령 탄핵이었음을 분명히 알아야 합니다.

우리 형법 제91조에서는 '국헌문란'을 헌법 또는 법률에 정한 절차에 의하지 아니하고 헌법 또는 법률의 기능을 소멸시키는 것과, 헌법에 의하여 설치된 국가기관을 강압에 의하여 전복 또는 그 권능행사를 불가능하게 하는 것이라고 분명하게 정의하고 있습니다.

이런 국헌문란을 일으킨 국가 반란의 틀에서 문재인이나 윤석열이 공무원인 대통령의 신분을 취득할 수가 없는 것입니다. 국민의 투표로서도 불법 탄핵에 이은, 실시할 이유 없는 대선을 합법적인 것으로 정제 세탁할 수는 없습니다.

헌법수호단의 7년째 일관된 외침, '탄핵무효'라고 하는 그 위법성의 요지는 『국가운영을 위한 공법상의 강행규정을 위반하면 그 아무런 법률효과가 발생하지 않고 저절로 무효』라는 것입니다.

　자유 민주 대한민국에서 그 죄 없는 적법한 대통령을 내치고서, 불법 가짜 대통령의 수괴 자리를 잇고 있는 문재인과 윤석열은 그들 권한의 적법성을 갖추지 못한 자로서 대한민국의 대통령도, 대한국군의 통수권자도 분명 아닙니다.

　234인의 국회의원들과 9인의 헌법재판관들이 참탈한 정권을, 문재인에 이어 윤석열에 이르기까지, 여러분의 투표가 있었던 선거로써 샀다고 하더라도, 정작 그 적법한 주인은 아직도 임기가 끝나지 않은 박근혜 대통령의 것이지, 그들의 정권·권좌일 수가 없습니다.

　분명, 잘못된 불법 사기탄핵 이었음에도, 우리는 탄핵 당한 것이 아니니, 그저 대통령 그 분만의 문제로서 끝내 방관 방치해도 되는 "여러분은 정녕 안녕하십니까?"

　내 집에 든 도둑을 잡으면 안 되는 법 있습니까? 내 나라를 훔치려 든 도둑을 국민이 체포하면 안 되는 법 있습니까? 왜 그 도둑 수괴를 체포하겠다는데, 공권력이 공무로서 앞서 잡지는 못할망정, 오히려 도둑을 잡겠다는 주인인 선량한 국민을 체포하고 탄압합니까?

　정상적이어야 할 이 나라의 대한국군과 공무원 여러분의 몰상식한 지각이 나라에 든 도둑마저도 못 잡게 가로막고 있습니다. 여러분들은 오히려 침입한 도둑의 지시를 받아, 성실한 굴종으로 공무를 수행함으로써, 국민인 주인이 나라 훔치려 든 도둑을 우리 스스로가 못잡고 있는 상황인 것입니다.

　대한민국의 대통령에 대한 불법 탄핵심판 결정으로 누가 피해를 입었습니까? 대통령 박근혜 혼자만의 피해일 뿐입니까? 우리의 국민주권이 주사파 종북세력들의 망국 망령으로 중대한 침해를 받고 있는 그 양상을, 일일이 나열할 필요조차 없는 사회 혼란과 안보의 붕괴로써, 그들 불법통치의 침해와 불편함을 안고서 살고 있습니다.

광주 5.18폭거의 유공자명단에는 당시 어린 나이의 학생이었음에도 유공자의 명단에 들어, 불로소득으로 국민의 세금을 빨고 있는 의혹의 거머리 유공자를 왜 당당히 밝히지 못하는지, 왜 탄핵소추의 결서의 무단수정에 책임을 묻는 적법하고도 철저한 수사, 그리고 그 수사기록의 목록마저도 공개하지 못하는지, 그 당당하게 대통령을 파면 선고로써 헌법개판 친 불법 탄핵의 기록에 관하여는 왜 정보공개하지 못하는지, 도무지 이해를 할 수가 없는, 우리는 지금 분명한 국가반란범들의 가짜 공화국시대를 살고 있는 것입니다.

이런 난국의 실상 속에, 지금도 권좌 밖에서 머무르고 계신 대한민국 대통령 박근혜의 위치가, 과연 나라의 법치가 제대로 이루어지고 있는 것입니까? 우리들 자유 민주 대한민국의 국가 정체성과 우리의 국민주권이 불법 탄핵 이래로 우리의 박근혜 대통령과 함께 강제구금 무단통치를 당하고 있습니다. 암울한 공산 사회주의 빨갱이 세상으로 나날이 깊게 빨려들고 있다는 사실을 아셔야 합니다.

오늘 저희 대한민국 헌법수호단이 50만 대한국군과 117만 공무원 여러분께 외치는 이 불법 가짜 대통령에 대한 정법한 인식과 체포촉구 성명聲明이, 만일 여러분들이 받들고 있는 공직상의 최상위직급자이거나 국군통수권자로서 그들이 적법한 대통령이라면 헌법수호단 저희는 이미 내란선동자일 것입니다.

이렇게 수괴 문재인의 불법 정권을 이어 받은 윤석열의 대통령 행세는 불법행위로서 그가 이 나라의 대통령 아님을 세상에 널리 알려도 그에 대한 권리행사 방해나 업무방해가 되지 않는, 위법성 조각 사유(=부인사유)가 되는 정당행위일 수 밖에 없습니다.

한편, 그래도 윤석열이 지난 문재인보다 낫지 않느냐는 편협한 반론으로 옹호함에 있어서는, 이 나라에 헌법이며 법률이 있을 필요조차도 없는, 오직 권력 장악의 힘에 의한 정권만이 존재할 수 있을 뿐인, 그런 통치 권력 하에서는 국민주권이며, 개인의 생명, 신체, 자유, 표현, 참정, 행복추구의 권리 따위는 전혀 보장받을 수가 없는 독재의 세상이 됨을 모르는 무지의 소치라 하겠습니다.

헌법수호단 저희는 이미 2017년 '정유법란' 이래로 청와대 앞에서, 서울시청광장에서, 광화문 대로에서, 국경 없는 SNS상에서 무수히 많은 외침을 해왔습니다. 하지만, 문재인과 윤석열 그들 수괴마저도 법 정의로운 헌법수호단원들을 체포 구금하지 못할 만큼, 이렇게 정법한 정의로움을 지니고 있기 때문입니다.

내 집에 든 도둑을 직접 체포하기는커녕 "도둑이야! 도둑놈이다!" 하면 명예훼손이나 모욕죄인이 되는 꼴로, 대한민국의 법치는 몰락해 있습니다. 내 나라에 든 불법 망국 침입자를 국민이, 국민의 군대가, 적들을 체포함은 적법한 정당행위로서, 상장이나 훈장을 받을 자랑스러운 애국 행위입니다.

대한민국의 50만 대한국군과 117만 공무원 여러분!

헌법수호단 저희는 분명 지금 이 나라 대한민국은, 불법 무권 가짜 대통령의 국군통수권과 공권력에 완전히 장악된 불법 가짜 공화국, 그 7년째를 우리는 멍청하게 살고 있음을 분명히 알려 드립니다.

수괴를 주축으로 한 국가 반란 조직체의 무단통치가 자행되고 있다는 사실을 분명히 인식하고, 처신해야 할 지각과 명분을 힘찬 고함으로써 드립니다.

이런 폐단의 사실을 분명히 인식하는 여러분 앞에 나타난 자가, 적인지 아닌지 구별 인식의 필요성은 '대한민국의 성城'안에서 여러분의 생명을 보전하면서, 공직자로서의 사명을 다하기 위한 안전보장이자, 사명 완수의 기본자세임을 명심하시기 바랍니다.

국가의 안전보장과 국토방위의 신성한 의무를 수행함을 사명으로 하는 대한민국 국군은 지금 총 포성 없는 비정규전에서 적들에게 완전히 농락당하여, 적들의 손아귀 안에 갇혀 있는 꼴임을 분명히 알아야 합니다.

그들은 우리의 대통령이 아닙니다. 나라를 통치할 권한이 있는 자에게 국가의 명령을 이행할 의무가 있는 것입니다. 불법행위자의 명령은 명령일 수가 없어, 항명불복종죄가 발생하지 않습니다.

수괴 문재인의 집권은 지나갔음이고, 그를 이어 교대한 수괴 윤석열은 국정감사장에서 "나는 사람에게 충성하지 않는다"는 유명한 말을 남기면서, '오직 국가와 국민·헌법에 충성하는 사람'이라는 인식이 국민의 뇌리에 각인되어 졌습니다.

이런 가르침을 받은 윤석열에게 불법 가짜 공화국 문재인 정부는 전폭적인 신뢰를 안겨 서울중앙지검장에 오르고, 2019년 7월에는 무려 다섯 기수를 뛰어넘어 검찰총장에 파격 승진되기까지 하였습니다.

그런 그가 전 법무부 장관 조국 부부 수사로, 이어서 임명된 추미애 법무부 장관과 박범계 법무부 장관은 수사 배제와 징계로 그에 대한 압박을 멈추지 않았습니다.

결국 검찰총장 직무 정지라는 사상 초유의 징계 사태가 벌어지자, 그는 "정의가 무너지는 것을 더는 지켜보기 어렵다"며 사퇴했습니다.

2021년 6월 29일, 그는 윤봉길기념관에서 정치 선언을 하며, "무너진 자유민주주의와 법치, 시대와 세대를 관통하는 공정의 가치를 기필코 세우겠다"고 선언했습니다.

그런 그는 2022년 3월 9일 대선에서 윤석열이 야권을 지칭한 '쥐약 먹은 ㄴ들' 속에 뻐꾸기로 잠입하여, 만일의 1번 후보(이재명)의 낙선에 대비한, "사람에게 충성 않는다"는 "법률주의 포플리즘"으로써 야당에 입당하여, 2번 후보로 당선된 윤석열에게 수괴 문재인 집단은 무난하게 정권교대를 해줌으로써, 문재인의 가짜 공화국 1기의 보장과 2기 윤석열 정권에 이어 상호간의 카르텔로서 망국의 작업은 지속적으로 진행되고 있는 것입니다.

윤석열 정권이 시작된 2022년 5월 10일 이래로도 이 나라에 정권교체가 아닌 정권교대였다는 그 명백한 증거로는, 대선 후보시절의 윤석열은 "문 정부의 초기처럼 적폐청산 수사를 할 것이다"라고 발언했습니다.

이에 대한 문재인의 호통에 "저 사전에 정치보복이라는 단어는 없습니다", "대통령에 당선되면 수사에 일절 관여하지 않겠습니다"라고 문재인에게 약속을 하고서, 그 약속은 지금까지도 철저히 이행되고 있습니다.

이렇게 윤석열 또한 헌법과 법률로써 그 정당한 적법성을 찾을 수 없는 불법 가짜 공화국 2기의 권한 없는 가짜 대통령으로 수괴의 권좌를 물려받고서, 그 불법 권좌에서 그의 역할을 다하고 있습니다.

이렇게 불법 정권의 지속과 망국 작업의 완수를 위한, 윤석열이 교언영색巧言令色한 속임으로 '반국가 세력의 부패한 이권카르텔 조직체' 운운하며, 윤석열 자신은 마치 상반된 반공주의자인 듯하게 하면서도, 지난 문재인 정권을 절대적으로 비호하며, 5.18 정신을 헌법 전문에 넣어야 한다는 등의 그들 불법 가짜 공화국의 조직을 위하고 있음인 것입니다.

50만 대한국군과 117만 공무원 여러분!

헌법과 법률을 파괴하여 적법한 대통령을 내치고, 입법 사법 행정의 3권분립 체제가 붕괴되고, 정의가 사라지고, 거짓과 왜곡이 정의이자 진실이며, 부정선거가 지속적으로 만연하면서도 이를 개선할 의지가 없이 불법 가짜 대통령이 권좌에 올라 국민을 7년째 무단통치하고 있는 대한민국, 국호만 바뀌지 않았을 뿐인, 여러분은 이게 나라입니까?

헌법과 법률에 따라 여러분 자신을 당당히 말하십시오. 장마당에서 인민재판 주검으로 나뒹굴기 전에, 살아서 당당히 정의를 말하십시오.

깨어나십시오. 국가가 있어야 여러분의 직장도 가정도 있는 것입니다. 이제라도 깨어나, 여러분의 존재가치와 신성한 공무를 적법하고도 정의롭게 수행하십시오.

PART

2

국민저항권 행사로서의
준법투쟁

1

불법 탄핵, 그 무효의 보고서報告書

　대한민국 헌정사상 처음 있는, 헌법재판소가 2017년 3월 10일, 박근혜 대통령을 파면한다는 불법 파면 결정을 내렸다.
　우리 헌법수호단은 이 나라의 법조인들이 일으킨 그들만의 카르텔을 형성하여, 나라의 대통령을 불법으로 내친 이 사건을 '정유법란丁酉法亂'으로 이름 붙였다.
　'대한민국 헌법수호단'은 박근혜 대통령에 대한 탄핵심판 사건에서 "대통령 박근혜를 파면한다"는 그 결정 선고는 불법으로 이뤄진 탄핵으로서, 아무런 의미 없는 절대적 원천적 무효일 수 밖에 없는 당연무효의 법리를 지니고 있다.
　나라의 대통령에 대한 불법 탄핵, 그 말이 안 되는 파면의 결정 선고를 일반인도 아닌 대한민국의 중추 헌법기관인 헌법재판소 재판관 9인이 그 이름들을 걸고서 간 크고도, 용맹스럽게 역사에 불법 탄핵의 오점을 찍어 남겼다.

참으로 통탄할 일이 아닐 수 없는 일임에도, 이 나라의 지식인은 알면서 쉬쉬 침묵하고, 아니 오히려 "탄핵 무효!"의 그 거대한 함성 속으로 뛰어들어서는 태극기 애국 군중의 시사 촛점을 흐리게 하거나, 다른 방향으로 돌려놓는 수작까지 펼쳤다.

불법 탄핵이 진행되고 있는 법 절차상의 오류며, 탄핵 결정 선고 이후에는 더 더욱 일반인으로서 인식하기 어려운 탄핵심판의 법 절차에 편승하여 '오직 파면'으로 결정지어 놓고서 시작된 탄핵심판 과정에서나 그 결정문에 치밀하게 준비된 문언의 뒤에 숨겨진 흉계를 알아차리기 어려운 일이었다.

필자는 국회의 탄핵소추 과정에서부터 '이것은 적법절차가 아니다' 하는 경계심를 갖고서도, 대법관을 지내고서 앉은 헌법재판관들이 법률적 양심에 따라 잘 판단하겠지 하는 일말의 기대를 하며 지켜보았지만, 결론은 "대통령 박근혜를 파면한다"는 청천벽력의 선고가 나왔다.

그 즉시로서 필자는 "이건 아니다!" 였음이 분명했음이니, 이미 탄핵 선고 전 2월 9일에 헌법을 수호할 시민단체를 구성 조직해야겠다 싶어, SNS상에 한 터를 잡고서, 뜻을 같이할 애국 동지들을 모았던 헌법수호단이다.

이 책은 『대한민국은 왜 불법 탄핵을 저질렀나?』(2022년11월 출간)에 이어 속편으로 나온 것으로, 앞선 출간은 침묵하는 법 지식인들에게 강하게 반론을 제기하는 명목의 법리를 많이 담아내면서, 담긴 전문적인 법률용어는 일반인에게 친숙하지 못한 어려움이 있을 수 밖에 없었다.

불법 탄핵에 대한 국민 주권상의 탄핵 무효 확인소송을 수십 차례

계속 이어 가면서 소송상의 소장訴狀(소송신청 청구서)과 준비서면準備書面(당사자가 변론에서 진술할 사항을 기재해서 법원에 제출하는 서류)에 다 담아내지 못할 내용의 것까지 담아내서 침묵하는 법 지식인들을 일깨우고 싶었다.

비뜰어진 언론을 대신하여 그들 누군가가 불법 탄핵이었음의 헌법수호단의 상세한 법리를 사회에 천명해 주기를 바랐지만, 그럴 용기와 양심을 가진 지식인은 지금까지 아무도 없었다.

그러면서 SNS를 통한 홍보 전파에 더욱 치중하면서 모아진 자료들을 이 책에 다시 정리하여 담아낸, 일반인들로서 '정유법란의 그 불법 탄핵 국가반란 행위'에 대하여 보다 쉽게 이해될 수 있는 방편의 것이 되도록 하였다.

이렇게 감히 헌법재판소에서 9인의 헌법재판관들과 탄핵소추인인 국회와 대리인 변호사 16명, 이를 방어하는 피소추인 대통령 박근혜의 대리인 20명 변호사 앞에, 제1권 『대한민국은 왜 불법 탄핵을 저질렀나?』에 이어 제2권 『헌법수호는 국민의 사명이다』를 내놓았다.

아직도 그 때의 파면 선고가 적법한 것으로 믿고 있는 대한민국의 국민 모두와 자유·민주를 받드는 인류 모두에게 "대한민국 헌법재판소의 대통령 박근혜에 대한 파면 선고는 명백한 불법 탄핵이었다"고, 다시 한 번 이 나라 국가안보의 울타리 안에서 생존의 동일체인 우리 국민에게 고해 올린다.

당연무효, 절대무효의 법리에 따라 제소기한의 제한 없는 '탄핵무효 확인소송'은 '헌법재판소 결정도 때로는 사법구제 대상'이 되는 행정소송법(§3의 4)에 따라 법원의 판결로써 승소할 때까지, 적법한 대통령 박근혜의 정무복귀까지 헌법수호단의 준법투쟁은 계속되어야 할, 대한민국 국민으로서의 존재가치며 사명이 아닐 수 없었다.

국민의 대통령을 불법 불의의 세력에 빼앗긴 국민으로서 국민주권 國民主權상의 권리에 기반을 둔, 투표를 통한 국민주권 실현의 결정체인 나라의 대통령을 불법 탄핵으로 내친 탄핵 무효 주장의 항고抗告(법원 등 기관의 결정·명령에 따를 수 없어 불만을 표시하는 행위) 소송과 고소, 고발, 진정, 청원을 지속했다.

위법한 행정처분을 행사한 헌법기관들에 대하여 유·무효 및 존부 存否를 법원으로부터 확인받고자 하는 그 자체에 소송訴訟의 이익이 존재하며, 국민으로서 준법투쟁을 해야만 하는 법의 존재가치이기 때문이다.

불법 탄핵에 대한 유·무효를 법원으로부터 확인받고자 하는 그 자체에 헌법수호단 원고들의 탄핵무효 소송상의 이익이 존재하는 것이지, 소송에 승소하였다고 국가나 국가반란자들이 손해배상하거나 국가가 보상금을 주는 금전적 경제적 이익이 따르는 소송이 전혀 아니다.

행정소송에서 승소하더라도 소송원고로서 얻을 경제적 이익이 없는 일에, 개인의 경제생활도 기회비용으로 투입될 수 밖에 없었던 사정에 따라, 그 속사정을 상황을 다 밝히기도 어렵다.

이런 탄핵무효 소송의 유·무효 및 존부의 확인판결을 법원으로 받아 승소하였다고 하여 원고들에게 돌아오는 경제적 이익은 없는 것이다. 우리는 전국의 일면식도 없었던 없는 애국 동지들이 합심하여 소송의 원고로 참여하거나, 소송비를 후원하며 국민저항의 준법투쟁을 지속하였던 것이다.

다만, 준법투쟁의 방법이 된 소송 및 고소, 고발, 진정, 청원 외에도, 국가반란 불법통치를 행한 수괴에 대하여 국민으로서 입은 불법 통치 지배에 따른 위자료 청구소송이 한편에서 진행 중이니, 불법 탄핵의 당연 무효에 근거한 독립된 판단을 할 수 있음의 법리에 따라 나올 그 승소는 행정상이나 형사상의 판단에 상당한 영향력을 염두에 둔 또 하나의 방편이다.

헌법수호단 원고들이 법적 투쟁을 아니 할 수 없는 이유는, 국민으로서 나라가 위태롭기 때문에 헌법과 법률의 잣대로서 대통령 탄핵의 그 적법 타당성 여부를 가려 불법 불의의 세력을 누르고서 나라가 안정되기를 바라는 구국일념이었을 뿐이다.

남북 분단의 사정 하에, 나라가 극심한 비정규전을 치르고 있는, 헌법과 법률의 규정에 비춰 본 국정國政 운영이 잘못되었음에 관한 국민저항으로서의 준법투쟁이 하루 한시 빨리 종결되어, 하나 된 국론으로 지구촌의 영광스럽고 힘찬 대한민국, 그리고 우리 국민으로 나아가길 바라는 마음 간절하다.

우리 사회의 실상이 안타깝기가 심각하지만, '헌법수호단' 우리라도 깨어 있고자 했다. 깨어 있지 않으면 나라가 망해도 느끼지 못할지니, 세상일이 반드시 강한 자가 이기는 것도 아닌, 신념으로 무장된 끈질긴 자도 이길 수 있더라.

2017년 정유법란의 망나니 선고 이전에, 이미 헌법수호를 위한 동지들이 모여 국민저항으로서의 준법투쟁을 지속해 오면서 그 많은 사건들 모두 '각하'의 판결과 결정을 받아 왔지만, 구하는 취지에 있어서 명쾌한 법리는 모자람이 보이지 않는다..

진작에 모자람이 있었으면 안되는 일인 줄 알아, 이미 포기했을 터이나, 그런 우리는 국가반란 망나니들의 손아귀에 이끌려 철창 안에 갇혀 있을 것임은 너무도 확연한 상상의 사실이다.

　대통령이 붙들려 가고, 헌법이 파괴되고, 국가 3권분립이 사라진 채, 어느새 국민의 공복은 불법 가짜 공화국의 반란 수괴와 그 종자들의 공복이었다. '헌법수호단'은 그들이 국민의 공복이 아니었음을 국군과 공무원에 보내는 성명서로 말하고 있다.

　국법을 정의롭게 하고자 하는 행동하는 양심의 '헌법수호단'이 넘고자 하는 지금까지 그 불법 불의의 벽이 높았을 뿐, 넘지 못할 장벽은 아니다. 국민을 현혹하는 따스함의 정도를 넘을 무렵에는 우리도 그 장벽을 넘고 있을 것이라 확신한다.

　왜냐하면, 헌법과 법률의 정의로운 기준 잣대가 있고, 누구나가 따스함을 넘어서 자신들에게 다가올 뜨거움을 겪으며 살기를 원하지 않는, 망할 빨갱이들 외에는 대한민국 지키기에 다르지 않으리라.

　우리가 성공할 때는 칼날 바로 끝에서 성공하며, 우리가 죽게 될 때는 우리의 무기로 죽을 것이다.

　언제 불법 불의의 세상임을 깨치는가가 문제일 뿐.

2

대한민국,
그 정의로운 법치사회 구현을 위하여

피소추인 대통령 박근혜의 재심청구 가능성

2017년 3월 10일에 있었던 이정미 등 8인이 헌법을 파괴하고 저지른 국가반란의 정유법란은 원천적 절대적인 당연무효로서, 그 파면 선고에 관하여 반드시 재판을 받아야만 취소되거나 무효가 됨이 아니다.

"대통령 박근혜를 파면한다"는 그 본래가 아무것도 아니었음이니, 대통령님께서 불법 탄핵으로 인한 무효를 선언하시고, 정무에 복귀하더라도 현행 헌법과 법률상의 적법성에 아무런 문제가 없다.

하지만, 이 나라의 비굴한 법조카르텔 조직체의 침묵 방관과, 이러한 사실을 아직도 정확히 모르고 있는 국민에게 그 재심의 판결문으로서 국민을 일깨워 줄 필요가 있다.

헌법재판소법 제39조(일사부재리)는 '헌법재판소는 이미 심판을 거친 동일한 사건에 대하여는 다시 심판할 수 없다' 하는 재심 제도를 법 규정으로 차단(헌법재판소법 제39조 일사부재리)하면서도, 한 편의 헌법재판소 심판 규칙 제52조(재심의 심판절차)에서는 '재심의 심판절차에는 그 성질에 어긋나지 아니하는 범위 내에서 재심 전 심판절차에 관한 규정을 준용한다'고 하여, 원 탄핵심판 당사자의 재심 청구를 허용하고 있다.

사실 법리상으로나 사실상으로 보더라도 탄핵·파면의 무효인 것이니, 재심 그 자체로서 2017년 3월 10일 불법 탄핵의 무효한 파면 선고를 적법한 것으로 인정함이 되는 여지도 있다. 하지만, 국민들이 이 나라 법조카르텔에 의하여 일어난 정유법란을 정확히 알고, 나라의 정치행태를 바로 볼 수 있도록 할 필요성은 아주 중대하다고 할 것이다. 그렇게 진실이 거짓으로, 거짓이 진실로 오도되며, 세대 간마저도 단절된 우리 사회를 다시 하나될 수 있는 국론 통합을 이뤄내기에 크게 기여할 재심이 될 것이라 본다.

헌법재판소의 위헌결정, 법원에서 다툴 수 있다.

국가 공법상의 강행규정을 위반한 당연무효, 그 절대무효의 법리에 따라 제소기한의 제한 없는 '탄핵무효 확인소송'은 '헌법재판소 결정도 때로는 사법구제 대상'이 된다.

국민의 대통령을 불법 불의의 세력에 빼앗긴 국민으로서 국민주권에 입각한 탄핵무효의 항고(=불만)소송은 위법한 행정처분을 행사한 헌법기관들에 대하여 유·무효 및 존부存否를 법원으로부터 확인받고자 하는 그 자체에 소의 이익이 존재하며, 준법투쟁을 해야만 하는

※ 행정부 소속의 행정기관개념과 달리, 국회, 헌법재판소, 중앙선거관리위원회, 기관으로서의 '대통령' 등은 행정소송법상의 행정청·행정기관에 속한다.

국민으로서의 재판받을 권리이자, 법의 존재가치이기 때문이다.

이런 탄핵무효 소송의 유·무효 및 존부의 확인판결을 법원으로 받아 승소하였다고 하여 행정소송의 원고들에게 돌아오는 경제적 이익은 없이, 오직 소송비용과 소송상의 기회비용을 상실할 뿐이다.

하지만 헌법수호단 원고들이 준법투쟁을 아니 할 수 없는 이유는, 나라가 '반국가 세력의 부패한 이권카르텔 조직체'에 의하여 위태롭기에, 나라의 주인인 국민으로서, 법으로 정해진 법률의 잣대로써, 그 적법 타당성 여부를 가려, 그들 세력이 추구·획책하는 불법 불의의 세력을 누르고서, 나라가 법치로서 안정되기를 바라는 구국 일념일 뿐이다.

국민의 공복公僕이라는 헌법기관과 공공기관의 이 나라 공권력은 '반국가 세력의 부패한 이권카르텔 조직체'가 되어, 위법·불법으로서 대한민국의 망국을 도모하고 있음에, 이를 알아차린 국민은 주머니를 털어 모아 맞서 싸워야 하는 국민으로서는, 그들의 정체를 의심·확인하지 않을 수 없는 일이다.

법률가들은 법률적 양심으로서 똑똑히 보라! 행정소송법 제3조, 행정소송의 한 종류인 '기관소송'에 대한 규정을 보면, 헌법재판소의 관장 사항 중에서 기관 간의 소송으로 다툴 쟁송만 행정소송을 제한하는 것이지, 헌법재판소가 결정한 그 관장 사항 일체가 사법판단 대상이 되지 않는다는 것이 아니다.

즉, 우리나라의 사법 구조는 헌법재판소의 관장 사항으로서의 헌법재판 결정과 법원에서의 행정소송과의 관계에 있어, 헌법재판소의 관장 사항도 사법판단의 대상으로, 사후구제 방법상의 쟁송 가능성을 행정소송법으로 열어 두고서, 국민의 재판받을 권리를 보장하고 있다.

　법원의 사법 판단에 있어서 헌법재판소도 행정 소송상의 한 행정기관임이 분명하고, 헌법상의 권력분립 구조로 보거나 소송제도를 보더라도 잘못된 헌법재판은 특허심판, 국세심판, 노동심판 등에 관하여 그 잘못을 소송으로 다투듯 법원의 소송으로 다툴 수 있음이다.

　사법부의 최고기관이 헌법재판소라는 무지無知, 대통령도 마음대로 파면시키는 헌법재판소의 결정은 절대지존이라는 무지에서, 박근혜 대통령에 대한 파면 선고 이후의 주권 국민은 더 이상 아무것도 기대할 것이 없는, 대통령에 대한 파면으로서의 궐위를 받아들이고서, 사실상 헌법에 반하는 2017년 5월 9일 원인무효의 대통령 대선을 실시했던 것이다.

　헌법재판소가 대한민국 절대 최고 존엄이라는 법률적 착오로 인한 무지가, 결국은 불법 탄핵일지라도 행정소송을 통한 사법구제의 방법을 대한민국의 어느 한 법률가에게도 생각조차 하지 못하게 했다.

　불법 탄핵의 파면 선고 이후, 세상은 그냥 '박근혜 전前 대통령'이라 표기하며 손을 놓은, 안타깝고도 참담한 사실에, 헌법수호단은 불법 탄핵의 위법 사실을 낱낱이 밝혀 소송과 고발의 투쟁을 지속해 왔고, 이런 잘못된 법률착오를 국민께 알리지 않을 수 없었다.

　이 나라 대한민국의 총체적인 법률 무지로써, 나라가 온통 불법 가짜 대통령 문재인으로부터 지배받기 그 5년을 채우고도 모자라, 윤석열에까지 이은 정권교대의 위법한 사실조차도 모르는 것인지, 무서워서 말을 못하는 것인지, 아직도 문재인을 '대통령'에 이어, 전직 대통령에 관한 예우로써 받들고 있는 이 상황이며, 불법 가짜 대통령 2기까지 잇는, 참으로 민망한 몰법 국가로서의 국제적 망신이 아닐 수가 없다.

실로 창피하기가 그지없는 국난임에도 불구하고, 살아 있는 불의의 세력이 무서움인지 헌법수호단을 지원하는 변호사 한 사람 없다.

하지만 헌법수호단의 수년간의 준법투쟁에 그 40여 차례에 가까운 소송에도 낙심·낙담하지 않는, 결코 꺾이지 않는 소송 원고 500여 명의 아우성과 정의의 시선은 여전히 대한민국의 법전과 법치 질서를 향하여 여법如法하게 빛나고 있음이다.

우리 헌법수호단은 우파 속에 잠입한 좌파들에 의하여 '탄핵무효 말고 반문연대', '박근혜 복귀 말고 문재인 퇴진', '지난 것은 덮고' 투표로 뽑은 윤석열 지키기'를 외치는 엉뚱한 선동을 할지라도, 살신보국殺身報國의 정신으로 초연超然하게 할 말은 해왔다. 주저함도 없이 비굴하지 않았다.

대통령 박근혜는 파면·궐위된 바 없다.

불법 탄핵으로 파면 궐위된 바 없는 대통령을 두고서 실시한 19대 대통령선거는 법률상 그 원인이 없는 당연무효의 선거였다.

피청구인 대통령 박근혜가 대한민국의 헌법과 법률상 탄핵당하지 못하였다는 명백한 법리도 이해하지 못한, 아니 어쩌면 이미 기획된 정유법란에 가담했을 중앙선거관리위원회는 2017년 5월 9일, 대통령이 궐위된 것으로 원인무효의 위법한 대통령선거를 실시했던 것이다.

헌법수호단 원고들이 대통령선거가 무효라고 주장하는 것은 공직선거법상의 무효선거가 아니라, 선거실시 그 자체를 원인 무효로 주장한 것으로, 탄핵 파면 궐위되지 못한 적법성 있는 대통령의 존재 사실이다.

선거에 앞선 국회와 헌법재판소의 위법한 처분으로 인하여, 탄핵심판에서 탄핵되지 못해 궐위되지 않은 대통령을 궐위 되었다고 사실로 착오하고서 실행한 선거였음이다.

혹자는 이렇게 말하기를 원인무효이긴 하지만, 그래도 나라 전체가 대통령선거를 실시하여 다수결로 뽑은 대통령 아닌가하는 반론을 제기하는 자도 있다. 파면 선고 이후에 남은 임기동안의 '보궐이론'도 분분했었다.

하지만, 지켜야 할 법을 지키지 않은 불법 탄핵으로 헌법상 궐위되지 못한 대통령을 두고서, 대통령선거를 실시할 수 없는 법리상의 이유로 문재인은 잠시도 적법한 대통령일 수가 없었다.

불법 탄핵심판으로 인한 파면은 불발되었고, 그로써 실시한 선거는 당연무효인 즉, 의도된 반란의 고의이거나 법률상의 오인으로 잘못 실행한 대통령선거였다.

공직선거법과는 무관한, 법의 규율 외적요인인 원인무효의 법리를 탄핵무효 소송 판결에 적용하여야 함이 지극히 당연하고도 타당한 것이다. 공직선거법상의 규정과 원인무효의 법리가 이러함에도 불구하고, 소송 원고들이 이 부분에 관하여 글자체를 굵게 하고 밑줄까지 그어 줘도 법원 재판부는 이를 못 본척했다. 40여 차례 소송에 대다수의 판결은 동문서답 우이독경식으로, 선거소송은 선거일로부터 30일 이내에 대법원에 제소했어야 했다는 이유로 '각하' 선고 일색이었다.

대한민국의 국민주권은 문재인과 윤석열의 대통령 권한 없음을 확인하고, 대통령 박근혜는 전前 대통령이 아닌 적법한 대한민국의 대통령으로서 2017년 3월 10일 이래로 행사하지 못한 대통령의 직무를 국가와 국민에게 완수 이행해야 할 책무가 있음을 확인할 필요가 있다. 박근혜 대통령의 임기를 상품으로 말하자면 5년 임기의 완제품으로 다시 줘야할 일이다.

분명, 탄핵·파면·궐위되지 못한 대통령의 잔여 임기 완수의 기회를 줘야 함이 법치요 정의다. 그렇게 박근혜 대통령이 정법하게 복귀하고서, 복귀선언 당일로 대통령직을 사임하는 하야를 선언하더라도 부당하게 축출된 권좌의 복귀부터 이뤄야 한다.

국민을 대신하여 정치에 임하라고 선출해 준 국민의 공복이 어떤 법률행위를 하였는지 알아야 할 국민주권상, 국가반란에 기여한 불법 탄핵소추 국회의원 234인의 명단공개 등의 문책과 9인 헌법재판관들의 위법행위에 대한 철저한 규명을 필요로 한다. 나아가 문재인과 윤석열의 부적법한 통치 행세의 무효 선언, 그리고 문재인의 5년과 윤석열의 2년여 동안에 있었던 공직선거에 대한 진실규명까지 철저하게 밝힘으로써, 나쁜 국가권력 기관에 속은 국민이 다시 국민주권에 한 방향으로 하나 되는 국가발전의 기반이 조성될 지름길이 아니겠는가?

불법 탄핵의 당연무효는 국민저항권 행사에 자유롭다.

이와 같은 소송판결의 행태는, 무려 법관들이 읽어보지도, 문언을 따지지도 않고서 변론기일조차도 주는 기회 없이 아니, 피고들에게 이런 소송이 들어 왔다는 피소통지조차도 해주지 않고서, 법원이 바로 선고일 잡고서 전근대적인 고을 원님재판식 '각하' 판결을 내렸다.

또, 사실상의 대통령 문재인 이후 20대 대통령선거로써 2022년 5월 10일부터 윤석열의 대통령 행세가 시작된 만큼, 박 전 대통령의 지위나 권한 존재를 다투는 게 법률상 이익이 없다고 판시 이유를 기재했다.

이렇게 불법 탄핵을 법률상 따져 보니 대통령 박근혜가 대통령임이 분명한데, 지난 문재인이나 현 윤석열의 불법정권에 있어서 위법하게 훔쳐진 정권을 5년간 망국으로 지나고서는 그 정권을 윤석열에게 넘겼다고 그 위법성이 사라질 법적 근거가 없다.

19대에 위법하게 훔쳐진 차이거나 말거나 20대의 임기 시작으로서 타고 달아나 버리면 아무런 문제 없는, 이게 대한민국 법원의 사법정의司法正義라고 드러내 보였다.

또한, '국가기관의 권한을 확인하는 기관소송(원·피고가 기관인 소송)이라고 보더라도 국가나 공공단체 기관이 아닌 일반 국민이 소송을 제기할 수는 없다'고 전혀 말 같지도 않은 문언으로 판시했다.

행정소송에 기관이 소송의 한 당사자 아닌 소송이 어디 있는가? 엄연히 행정소송법 제3조 및 제4조에 근거하여 헌법재판소의 결정으로 나온 것도, 이 법에서 제한하는 것이 아니면 국민 주권적 권리로서 헌법상 보장된 국민의 재판받을 권리에 의하여 제소하고 법원의 판결을 청구할 수 있는 것이다.

'국가나 공공단체 기관이 아닌 일반 국민이 소송을 제기할 수는 없다'? 이런 판단의 근거가 어디에 있는지 도무지 알 수도, 찾을 수도 없는, 그런 판결의 근거 조차도 없었다.

이런 맥락을 같이 하는 어떤 사건의 그 판례 역시도 "행정처분의 무효확인 또는 취소를 구하는 소가 제소 당시에는 소의 이익이 있어 적법하였는데, 소송계속 중 해당 행정처분이 기간의 경과 등으로 그 효과가 소멸한 때에 그 처분이 취소되어도 원상회복이 불가능하다고 보이는 경우라 하더라도, 무효 확인 또는 취소로써 회복할 수 있는 다른 권리나 이익이 남아 있거나 또는 그 행정처분과 동일한 사유로 위법한 처분이 반복될 위험성이 있어 행정처분의 위법성 확인 내지 불분명한 법률문제에 대한 해명이 필요한 경우에는 행정의 적법성 확보와 그에 대한 사법통제, 국민의 권리구제의 확대 등의 측면에서 예외적으로 그 처분의 취소를 구할 소의 이익을 인정할 수 있다"[대법원 2007. 7. 19. 선고 2006두19297 전원합의체 판결, 대법원 2016. 6. 10. 선고 2013두1638 판결 등]했다.

"항고소송의 대상이 되는 행정처분이라 함은 행정청의 공법상의 행위로서 특정사항에 대하여 법규에 의한 권리의 설정 또는 의무의 부담을 명하거나 기타 법률상 효과를 발생하게 하는 등 국민의 권리의무에 직접 관계가 있는 행위를 가리키는 것"[대법원 1996. 3. 22. 선고 96누433 판결]이다.

그러면서도 "어떤 행정청의 행위가 행정소송의 대상이 되는 행정처분에 해당하는가는 그 행위의 성질·효과 외에 행정소송 제도의 목적 또는 사법권에 의한 국민의 권리보호의 기능도 충분히 고려하여 합목적적으로 판단되어야 한다"[대법원 1984. 2. 14.선고 82누370 판결 등]하여, 실체법상의 행정행위보다 항고소송의 대상이 되는 행정처분의 개념이 확대될 수 있음을 분명하게 암시, 나타내 보이고 있다.

즉, 권력적 사실행위 등을 '처분'에 포함시켜 항고쟁송으로 다툴 수 있게 하여 국민의 권리구제 기회의 확대를 도모하고 있다할 것이다.[同旨 행정쟁송법, 하명호 저, 160쪽, 행정법 Ⅰ, 김남진·김연태 저, 783쪽]

이렇게 판례로서나 법규정상의 해석상으로 권력적 사실행위 등을 '처분'에 포함시켜 항고쟁송으로 다툴 수 있게 하여 국민의 권리구제 기회의 확대를 도모하고 있다.

이와 같은 사정을 비롯하여 행정에 대한 사법통제, 권익구제의 확대와 같은 행정소송의 기능 등을 종합하여 보면, '행정처분의 근거 법률에 의하여 보호되는 직접적이고 구체적인 이익이 있는 경우에는 행정소송법 제35조에 규정된 무효확인을 구할 법률상 이익'이 있다고 보아야 한다.[대법원 2008.03.20. 선고 2007두6342 전원합의체]

판례도 '지위 및 권한 부존재 확인 판결을 받는 것이 그 분쟁을 근본적으로 해결하는 가장 유효, 적절한 수단임에 의심의 여지가 없는 확인의 소의 이익이 있다'[대법원 1999. 09. 17.선고 97다54024 판결] 했다.

대한민국의 국민주권은 문재인이 대통령 권한 없었음을 확인하고, 대통령 박근혜는 전前 대통령이 아닌 적법한 대한민국의 대통령으로서, 2017년 3월 10일 이래로 행사하지 못한 대통령의 직무를 국가와 국민에게 완수 이행해야 할 책무가 있음을 확인할 필요가 있는 '대통령권한존재 확인의 청구소송'이자, 적법한 '피고 대통령(박근혜)'에 대하여 정무에 복귀하지 않는 '부작위위법확인' 소송이었다.

탄핵 무효소송은 이러한 확인을 구하는 것이 소송상의 청구취지이며, 확인 그 자체로서 탄핵 무효소송의 소의 이익이 있는 것이었다.

헌법재판소가 행한 대통령 박근혜에 대한 탄핵심판 사건은 법원의 선고로써 유효한 것이 무효로 변질되는 것이 아니라, 이미 본래부터 그 탄핵심판은 국가운영을 위한 공법상의 강행규정을 위반하여 아무런 법률효과를 발생시키지 못한 저절로 무효화된 것이었다.

지방법원에까지 탄핵무효 소송이 이르게 된 원인과 법리

이렇게 국회, 헌법재판소, 중앙선거관리위원회의 각 행정처분이 무효인 경우는 특히 권한 있는 기관에 의한 무효 선언을 기다릴 것 없이 누구든지 무효를 주장할 수 있다.

살아 있는 불법 가짜 정권에 장악된 서울행정법원에서 2018년 초기에는 원고측의 행정소송 준비 부족으로 한 피고 표시에 있어서 '피고 대통령 문재인'으로 표시하지 않고, '피고 문재인'으로 표시하는 등의 소송 흠결로 각하를 받았지만, 그래도 변론기일도 거치면서 '각하'의 선고에 이르렀다.

그러기를 얼마 후부터는 소장 접수 후 다음날 오후면 사건배당이 표시되던 것이 2·3일 지나서 배당되는가 하면, 그렇게 배당된 재판부는 앞서 변론기일 진행도 없이 '각하' 선고를 내린 그 재판부로 배당되는 등, 원고의 강조 문구는 못 보고 못 들은 척, 늘 그렇게 원고의 청구상 강조와는 무관한 판결만 내놓았다.

이런 시련은 '공법상의 강행규정을 위반한 당연무효의 법리'에서 언제나, 어디서나, 누구나 그 무효를 선언할 수 있음에 따른, 헌법기관들의 정상적인 처분이라면 응당 서울행정법원이 관할권을 가지므로 그에 따라야 할 것이다.

그러나, 정상적인 처분이 아닌, 파면 선고 처분 등에 아무런 법률효과가 발생하지 않는 원천적인 당연무효의 법리에서 서울행정법원에 계속하는 제소, 계속되는 '각하' 선고를 받을 이유가 없음을 알고서는 여러 지방법원으로 소를 제기하게 되었다.

이렇게 지방법원에 제소를 하면서, 서울행정법원에서는 피고에게 피소 안내문의 송달도 않던 것이 송달이 이루어졌고, 재판부에서 보정명령을 내리면서도 신중하고 진지함을 느낄 수도 있었다.

행정처분이 강행법규에 위배하여 그 효력요건을 결여하거나 처분으로 인하여 의무 또는 불이익을 받을 자에 대하여 그 구속력을 인정할 수 없는 경우에는 무효한 행정처분으로서, "행정처분이 무효인 경우는 특히 권한 있는 기관에 의한 무효 선언을 기다릴 것 없이 누구든지 무효를 주장 할 수 있는 것이므로 행정처분의 무효확인의 소에 있어서는 행정소송법 또는 다른 법률의 제소기간에 관한 제한규정의 적용을 받지 아니하고 제소할 수 있는 것"[대법원 1966.12.06. 선고 63누197 판결]이다.

그러므로 행정처분의 무효확인의 소에 있어서는 행정소송법 또는 다른 법률의 제소기간에 관한 제한규정의 적용을 받지 아니하고 제소할 수 있는 것이다. 따라서 제소기간이며 사정판결, 간접강제, 행정심판전치주의, 행정소송법 및 특히 행정소송상의 지역관할 등의 제약을 받지 않음에 근거하여 서울행정법원의 관할을 벗어나 지방법원 행정재판부에 제소를 확대해 봤다.

원고들의 청구는 이러한 취소소송과 달리, 제소기간이며 사정판결, 간접강제, 행정심판전치주의, 행정소송법 및 특히 행정소송상의 토지관할 등의 제약을 받지 않아도 되는, '당연무효의 비구속성'에 근거한 법리와 사리가 존재하는 이유로 지방법원에 제소한 청구는 토지관할에 적합했다.

3

정유법란의 거국적 법률착오에 빠진 국민을 깨운다

국가 구성요소의 붕괴와 분열

국가 구성의 3요소는 영토와 국민, 그리고 주권이다. 지금 대한민국 이 나라는 국민에 있어서 범법자 그들에게 완벽하게 속아, 나라의 대표인 대통령을 빼앗기고서, 국민으로서의 의식 없는 인민화되어, 그들이 거짓 선동하는 대로 휩쓸려 다니는 꼴이다.

그렇게 국민의 주권을 상실한 상태다. 이런 사실을 아직도 많은 국민 대다수는 알지 못하고 있는 현실로서, 탄핵무효론이며 부정선거론에 관해서는 "정치이야기는 하지 말라"는 거부가 다반사다.

국가권력의 3권분립이 사라지고, 헌법이 파괴되어, 나라를 지키려는 여러 준법투쟁은 동문서답 우이독경 식의 '각하' 판결과 결정으로 도배되고 있음이지만, 대부분의 국민은 자신과 무관하지 않은데도 아주 무심하기만 하다.

불법 가짜 대통령으로 포장된 국가의 외교권에 있어서 국가 주권은 별다르지 않을지 몰라도, 우리 국민의 삶에 가장 가깝고도 궁극적인 헌법상의 국민주권은 엄청난 침해를 당하고 있음이다.

불법 탄핵에 의한 가짜 대통령에 대한 비난과 진짜 대통령의 정무복귀 주장은 강 건너 동네의 개 짖는 소리 격이고, 부정선거로 투표함에 든 마치 신권 화폐 뭉치 같은 가지런한 투표지에도 부정선거로서의 확인을 회피하는 사법부의 태도가 이미 이 나라 국민으로서의 주권이 사라졌음을 말하고 있다.

이렇게 나라는 좌경화를 넘어 사실상 공산 사회주의자들에 의한 적화를 거의 이룬 상황으로, 2024년 봄 국회의원 총선거에서 또 한 번의 부정선거로써 조작질하여 총 의석 3분의 2인 200명을 넘기면 의원내각제를 기반으로 한, 광주 5.18정신이라며 전문全文에 담고서는 사회주의 헌법으로 개헌하고, 국호며 애국가, 수도를 변경할, 자유민주 시장경제질서는 사라지게 될 것으로 보인다.

그런 불법통치 권력의 정치에 무심한 명민들에게는 그때도 여전히 "그런 정치이야기는 내게 하지마"하며, 그런 국민 각자의 자신들에게 다가오는 부당한 정치 권력의 집행을 무슨 힘으로 거부할 수 있을까? "그럼 공산사회주의 야당에 200석을 안 넘겨 주면 되겠네" 하는 안일 방만한 생각으로는 답이 아니다.

2016년 11월 이래부터 대통령 박근혜의 탄핵문제 대두로 거리로 나선 태극기 집산集散의 물결, 그 흐름을 중심으로 이해를 드리려 한다. 정유법란 탄핵에 대통령 소속 정당의 동지 당원들이 대통령 탄핵하자고 의결정족수 200석을 넘길 62명의 배신자들이 불법 탄핵에 앞장서 정족수를 채워 줬다.

우리 정당인은 시민단체와 다르다며 선민의식을 고취하여, 본래의 무리에서 떼어내고는 구호만의 애국 활동으로, 거듭된 제의에도 불구하고 필요한 탄핵무효 소송 한 번도 진행함이 없다가, 정치인의 정치생명을 위하여 그간 그렇게도 비난하던 정당과 합세하기로 하는 영혼과 체면을 접었다는 소식이다.

또 종교에 기반을 둔 큰 집회 단체의 외침은 '탄핵무효'가 아닌, "문재인 퇴진"을 외치면서 종교단체를 정치단체로 꾀하는, 그러면서 집중하는 태극기를 흩어 놓는데 큰 기여를 한 단체장을 북한의 김정은이가 간첩을 통하여 초청의 의사를 전해 왔다고 스스로 밝힌 바 있다. 하지만 북한에는 종교의 자유가 없어 안 간단다. 그 얼마나 반대한민국적인 면모를 한껏 보여줬으면 그런 기막힌 추악한 초청을 다 받았을까 싶다.

태극기 집회 무대에 올라온 헌법재판소 근무 운운했던 법률가들 또한, 진정한 불법 탄핵의 핵심을 국민에게 전하려 했던 것이 아니라, 아주 얄팍한 것으로 불법 탄핵에 관한 주장의 핵심논점을 흐트려 놓고자 나온 것으로 밖에 인식되지 않는, 그들 역시 법조카르텔의 일원이었다.

그리고 또, "탄핵무효"의 외침에서 떼어 낸, 태극기 없는 검은 깃발의 부정선거 외침은 여러 차례 거듭된 부정선거의 실상에서, 부정선거의 주장 또한 헌법을 지키고, 헌정질서를 바로잡는 요소로서 필요한 일이다.

하지만 부정선거를 외치면서, 외치던 탄핵무효를 손 놓아 버리고, 태극기도 접어 넣었다. 간혹 눈에 띄는 태극기도 접게 했다.

철저하게 탄핵무효, 즉 대통령 박근혜를 내려놓고서, 휘날리던 태극기도 접어 넣었다. 그러면서 불법 가짜 대통령 문재인과 윤석열로 이어지는 불법통치를 묵과하는 것으로 작용했다.

대한민국의 헌정질서와 적법한 대통령 박근혜를 배제하면서, 마치 안면수심 성동격서 식의 부정선거 외침 뒤로 나날이 적화를 심화시키는 그런 꾐의 분열정책이 가세했던 것이다. 반면의 애국시민들은 참으로 열심히 선거감시에 임하며, 부정선거의 증거를 확보하고서, 소송으로 투쟁했다.

2020년 4.15 총선과 관련하여 당시 현재 120여건의 선거소송이 대법원에 계류되어 있었다. 공직선거법 제225조에 의하면, 선거에 관한 소송은 다른 쟁송에 우선하여 신속히 재판하여야 하며, 수소법원은 소가 제기된 날부터 180일 이내에 처리하여야 했지만, 대법원은 이 기간마저도 지켜주지 않았다.

총선 관련 선거소송은 국회 구성의 정당성과 관계있는 쟁송이다. 그래서 특별히 짧은 제소기한과 소송의 처리기한이 정해져 있는 것이다. 그러한 선거소송이 처리되지 않고 있는 상황에서는 국회 구성의 정당성이 온전하게 확보되었다고 할 수 없다. 총선 후 입법 활동을 해 온 어떤 국회의원이 선거소송을 통해 당선무효가 된다면 그가 참여한 입법 활동의 효력 문제가 제기될 수 있다.

공직선거법이 선거에 관한 소송은 다른 쟁송에 우선하여 신속히 재판하도록 규정하고 있는 것은, 이러한 입법 효력의 불확실성을 가능한 한 줄이고, 국회의 정당성을 제대로 확보하기 위한 것이라 하겠다.

하지만, 애국민심과 달리 선거소송에 드러낸 대법원의 태도에 비춰 볼 수 있는 검은 깃발의 목적은 태극기를 내리며, 탄핵무효의 외침을 멈춰, 대통령 박근혜를 잊게 하면서, 불법 가짜 정권의 반란세력들이 안정적으로 망국을 쫓는 방편으로 이용되었다 아니할 수 있겠는가?

손에 손마다 태극기를 든 국민이 거대하게 집합함에 이를 흐트려 놓을 분열의 계략이 침투했었음이니, 모두가 처음 거리로 나섰던 그 마음 그대로 "탄핵무효"로 일관하여 뭉쳐 나아갔다면, 그때 그 거대한 태극기가 지금 갈갈이 찢겨져 나부끼지는 않았을 것이다.

오직 하나된 탄핵무효의 외침과 준법투쟁으로써 적법한 대통령을 다시 정무에 복귀시키면 부정선거는 쉽게 바로 잡을 수 있는 기회가 될 수 있지만, 불법 가짜 공화국에서는 체제유지와 부정선거가 적화작업의 도구인데, 불법 가짜 대통령에 의한 망국의 적화통치 속에 부정선거가 바로 잡혀지기는 요원한 일로써, 그 증명을 우리는 이미 지난 대법원에서의 부정선거 소송에서 적나라하게 확인했다.

신선놀음에 도끼자루 썩는 줄 모르듯, 부정선거 외침에 망국의 적화통치는 그 깊이를 더해 갔다. 문재인의 생각과 다르지 않은 윤석열로 정권 교대된 그의 불법통치 하에서도 부정선거와 관련해서 진행되는 것은 아무것도 없는 것과 맥락이 같은 불법 정권으로서의 도덕성에 그들 수괴의 생각들이 같다.

결국, 그 누군가의 전략적 세력에 의한 꾐에 빠져, 주된 탄핵무효 외침을 버리고서 불법 가짜 대통령의 통치를 인정해 주는 시간을 보냈고, 여야 정당의 구분이 없는 여의도의 정객들은 하나 같이 국혼도 자신의 양심마저도 저버린 채 각자의 정치생명선 잇기에 혈안인 나라다.

그렇게 국론분열의 계략에 빠진 이 나라는 결국 2016년 12월 9일 국회의원 총 의석 3분의 2인 200명 이상을 확보하지 못한 야당에 62적마저 그 혼을 다 빼주는 234표의 탄핵소추 가결로, 나라의 대통령을 헌법개판 절차에 밀어 넣지 않았던가?

　그러하니 2024년 국회의원 총선에서 200의석을 안 넘겨주거나, 과반수 의석을 안 넘겨 주는 것으로서, 나라의 안정에 답이 아니라는 것이다. 대선후보 1번 이새명의 낙선을 대비하여, 야당으로 날아든 대선후보 2번 윤석열은 문재인의 생각과 다르지 않다고 선언하고서, 지금까지도 여전히 수괴 문재인을 상왕으로 튼튼히 지켜 주고 있는 상황이다. 달리 윤석열로서 실질적인 헌정질서가 바로 서는 모양은 아직 아무것도 보이지 않는, 우리는 또 한 번 속았음이다.

그래도 나 살기 위한 몸부림 아니었던가?

　2017년 3월 10일 이래로 문재인으로부터 이어진 정권교대자 윤석열의 불법 가짜 공화국에서 우리는 부끄럽게 살고 있다. 정유법란 이후 상당히 세월이 흘렀지만, 아직도 많은 국민이 불법 탄핵으로 인한 대통령 박근혜에 대한 파면의 무효성을 이해 인식하지 못하고서, - 불법 탄핵에 이은 원인무효의 대선인 줄도 모르고서 - 국민이 대선에서 뽑은 윤석열을 대통령으로 오인하며 받들고 있는, 적법한 대통령께서 정무에 복귀하지 못하고 있는 수괴의 불법통치가 정상이 된 아주 이상한 나라의 가짜 공화국시대다.

　이제는 어리석고 부끄러운 불법 가짜 공화국을 접어야 할 때다.

　탁류를 거스를 수 없는 대선의 시절 앞에서, 이재명의 대안으로 선택할 수 밖에 없었던 임시변통의 기억마저도 우리로부터 멈춰야 할 때가 다가왔다.

　춘하추동 몇년을 목터져라 절규한 "탄- 핵- 무- 효-" 외침이었다. 우리는 불의 불법의 세력들이 대한민국을 망국화 하려 함에 대항하여, 대통령을 불법으로 내치는 악의 무리로부터 나라를 지키고, 나 살기 위해서 거리로 나서서 뭉쳐 나아갔던 것이다.

우리의 대통령 박근혜만을 위한 투쟁은 분명 아니었다. 대통령보다 더 크고 중요한, 먼저 이 나라 대한민국을 지키고자 함이었고, 그러다 보니 박근혜 대통령의 피해가 법과 정의, 진실 앞에서 말이 안 되는 국가반란의 피해자였음을 분명히 알게 되었다.

2023년 9월 하순부터 시작된, 대통령 취임 이래, 특히 정유법란에 얽힌 사연과 감회을 담은 회고록 연재가 끝나면서도, 그런 잘못된 파면을 운명으로 받아들이는 정의에 비굴한 지난날의 대통령이었음을 추억으로 하고, 한 아낙네의 삶으로 귀의할 것인지도 모르겠다만, 분명 아직은 그럴 때가 아니다. 분명 그렇지는 않을 것이다.

지난 날, 불법에 맞선 그 절규의 끝에 피로써 순직한 몇 분의 운명과, 많은 분들의 투옥, 치안 질서유지 빌미의 탄압을 받은 그 밑거름 끝에, 박근혜 대통령께서도 가짜 대통령 문재인으로부터 죄 없는 사면(=용서)을 받고 나와서 지금은 상당히 건강을 회복하신 것 같다.

대통령으로서 보고 겪은 지난 시간의 불의와 불법, 배신을 교양있게 아직은 끝날 때가 아닌 회고록에 담은, 탄핵의 소용돌이와 촛불반란의 괴성 앞에서 한 여인의 정신은 혼비백산할 만도 하였건만, 그런 와중에도 매일의 접견과 심기까지도 매일 일기해 두셨던 모양이다.

회고록 단락 마다의 면면이 그 당시의 감정까지도 담아 낸, 마치 어제 오늘의 일이었던 것처럼 소상히 밝혀 놓았음을 보고서, 대통령 박근혜의 인격적 면면을 새로이 인식할 수 있었다.

그런 박근혜 대통령께서 참으로 대한민국과 결혼한 것이라면, 무궁화의 꽃말처럼 지금도, 앞으로도, 감옥 안이거나, 바깥이거나, 오매불망 '대한민국'이어야 할 것이다.

  우리는 이 분만은 그럴 줄 알고 있고, 지금이라도 늦지 않았다. 이제 다시, 박근혜 대통령께서도 다시 한 번 더 안주하고픈 자아를 버리고, 우리 국민 또한, 모두 다 편안함을 버려야 할 때다. 다시금 새마을 정신으로, 새마음 정신으로, 무너진 법치를 확립하고, 불법 가짜 공화국으로부터 황폐해진 국가 재건에 나서야 할 일이다. 이렇게 남북 7천만 남북 동포와 1천만 해외 동포가 함께 자존과 복락으로 살아갈 대한민국의 존속을 위하여 목숨 건 투쟁에 나서야 할 때다.

법과 정의를 팽개친 부역질인 줄도 모르고

  대통령을 적에게 빼앗기고, 헌법이 파괴 유린된 불법 가짜 공화국 시대, 가짜 대통령을 중심으로 통곡할 살처분의 킬링필드로 동장군 지고 강제노역할 대한 망국의 앞날을 훤히 비춰 오는가 싶은 정신 나간 부역질도 알만한 지식인들에게서 훤히 드러나 보인다.

  6.25때도 그랬다. 장기간 군사 훈련해서 전쟁 앞에 휴가 외출 내보내고, 지휘관들 지휘 미숙하게 인사이동 시키고, 용산클럽에서는 전쟁 전야에 전쟁발생 보고도 받지 못할 만큼의 장군들을 만취에 빠뜨리고, 한강 이북에 많은 피난민과 후퇴해야 할 국군과 장비를 건너지 못하게 다리를 끊은, 그러고도 전쟁이 터지고서 용감한 국군은 적을 물리쳐 북진하고 있다고 허위방송까지 하는 망국의 함정이 수두룩했다. 지난 세월호 해상사고에 전원 구조되었다고 허위방송함으로써 당시 구조활동에 혼란을 줬던 방송사가 떠오른다. 왜 그랬을까?

  이제라도 환자가 치료를 위하여 치부를 드러내듯, 나라의 법치가 바로 서기 위하여서는 창피하지만, 지금이라도 국치의 불법을 덮고

갈 수는 없는 일이다.

내 집에, 내 나라에 든 도적범을 공권력이 못 잡아내니, 이를 주인이 잡으면 그 주인이 체포되는 나라가 되었다. 태극기를 들고나온 대부분의 애국민들마저도 이러한 모양세를 못 읽고서, 적법성 없는 불법 가짜 대통령 윤석열을 연호하며 지켜야 한다니, 대한민국의 국운이 70여년만에 다함인가?

전략戰略(Strategy)은 우리에게 가장 필요한 실용 지식이다. 우리가 평화를 위해서는 이런저런 훈련도 받고 준비도 하는데 반해, 실제 세상에서 대면하는 것, 즉 전쟁에 대해서는 전혀 준비되어 있지 않다는 사실이다.

전략은 우리에게 필요한 지식은 평화와 협상이라는 낭만적인 이상과 그것이 안겨주는 혼란이 아니라, 일상적으로 접하는 전투와 충돌 상황을 다루는 방법에 관한 실제적인 지식이다. 우리가 사회에서 맞닥뜨리는 불가피한 충돌 상황을 얼마나 잘 다루는지에 달려 있다.

지금 대한민국은 전쟁 중으로 심각한 위기에 처해 있다. 총·포성이 울리지 않으니 전쟁이 아닌 줄로 알고 있다. 오늘날 우리가 당면한 전쟁은 곳곳에서 하이브리드(Hybrid, 특정한 목적을 달성하기 위해 두 개 이상의 기능이나 요소를 결합한 것)전쟁으로 총·포성의 정규전을 뺀, 비정규전(법률조작전+심리전+문화전+교육전+언론사이버전)이 암암리에 아주 복합적으로 진행되고 있다.

대통령을 빼앗기고, 국가 3권분립이 사라진 채, 자유 민주 인권 시장경제 질서를 수호할 최후의 보루라고 하는 법관의 법률적 양심이 사라진 법원이며, 무려 헌법기관이 헌법을 파괴한, 불법 가짜 대통령의 통치 앞에선 태극기 애국민심의 심각한 분열 상태는 우리가 나라를 지켜내려는 전쟁에서 얼마나 많이 밀렸으며, 그 남은 적화가 얼마남지 않았다는 것을 실감할 수가 있다.

적이 누구인지를 명확히 봐야 하는데, 이를 보지 못하니 감언이설에 설왕설래하며 결국엔 갈갈이 찢겨 지고 있다. 적은 얼굴이 붉거나 검은데 기준이 있는 것이 아니라, 우리가 국가조직을 위한 규범인 헌법과 법률이 그 판단의 기준이 되어야 함에도 이를 살피지 아니하고, 감언이설하는 세작細作들의 세치 혀에 놀아나고 있다.

우리가 적으로 볼 그나 그 집단이 사용했던 책략으로써 판단해 보라, 그들이 지금껏 무엇을 이뤘는지, 그들의 축적된 행위자료는 거짓말을 하지 않는다. 진정한 전략은 현명한 사고력의 문제다. 병법으로 무장된 마인드는 어떤 권력도 그것만큼은 앗아가지 못할 것이다. 어떤 위기에 처하더라도 적합한 해결책에 이르는 길을 찾아줄 것이다. 정복당하느냐 마느냐는 국가운명의 동일체인 우리 국민에게 달려 있다.

나라가 위기에 처해 있음을 알았다면 폰 속에 '좋아요' 하는 아이콘을 누르는 것에 그치지 말고, 당신이 알고 있는 것에 반드시 행동으로 표현하거나, 적어도 단결하는 표현으로 가시화해야 할 일이다. 이러한 방식으로의 전략은 신념에 찬 도전이 되며, 어려움을 극복하고 문제를 해결하는 데 따르는 지속적인 성숙의 원천이 될 것이다.

이제 적이 누구인지, 또한 자신이 취할 전략을 알아차렸으면, 행동하는 전술로서 표현되어야 할 일이다. 적의 아프고 약한 부위를 집중 공격하는 핵심 공략법이 필요하다. 적이 가장 소중히 여기며, 보호하고자 애쓰는 것이 무엇인지 찾아내라. 그곳이 우리가 공격할 지점이다.

지금 나라를 지키고자 함에 있어 적의 가장 허약한 부분이 뭔가?

바로 우리가 처음 태극기를 들고 거리로 나섰던 외침 "탄핵무효" 그 것이다. 탄핵이 무효이기 때문에 문재인과 윤석열은 불법 가짜 대통령으로서, 그들 앞에 '수괴 문재인', '수괴 윤석열'로 기재된 문서가 던져 넣어져도 헌법수호단에게 아무런 할 말이 없는 것이다.

불법 가짜 대통령 '수괴 문재인', '수괴 윤석열'을 잡으면 부정선거도 잡을 수 있고, 광주민주화 유공자에 대한 진위 여부도 소상히 알 수가 있다. 그런데 우리는 그 누군가가 제시한 탄핵무효 아닌 '반문연대'라는 미명에 끌려 태극기를 접고서 검은 깃발을 들고 탄핵무효를 외치던 광장을 이탈했다. 곰곰이 돌아보면 누군가가 중심이 된 분열정책의 책략에 빠졌음을 인식할 수 있을 것이다. 그렇게 부정선거 외침에 집중하다가 정작 돌이킬 수 없는 나라를 내주는 성동격서 聲東擊西의 꾐에 빠짐이다.

지금 나라에 통치를 행세하고 있는 윤석열의 치명적인 급소는 바로 '불법 가짜 대통령'이라는 사실이다. 그는 자신의 급소를 감추며, 상왕 문재인 수괴를 철저히 비호하며, 북한 김정은에게 호전적인 강한 어조를 나타내 보이는 경향이다. 안보의 중대성 및 위기감을 국민에게 고취시키면서 자신의 급소를 감추고자 하는 전략일 것이다.

그런 불장난을 하다가 김정은에게 도발의 빌미를 제공하여 교전이라도 일어나게 할 수 있는 문재인과 주사파 집단을 중심으로 한 김정은을 돕는 전략일 수가 있음이다. 아니나 다를까? 북한 김정은은 2024년 년두교시에서 그들의 헌법 수정을 천명했다. 싸움도, 전쟁도 어떤 이유를 걸 명분이 있어야 할 수 있음인데, 기아飢餓의 궁지에 몰려 있는 김정은으로서는 호기를 찾을 기회가 될 수 있는, 그렇게 문재인이 철조망 허물고, 철로며 도로 닦아 준 길로, '이제는 도발해

오시오' 하는 메시지를 보내는 것으로 의심해 볼 일 아니겠는가?.

왜냐면 불법 가짜 대통령인 윤석열이 문재인 그들 속에서 성숙했고, 철저히 문재인을 지켜 주고 있는 모양세가 여간 아닌, 헌법에 반한 불법 가짜 대통령은 결국 나라를 지켜내고자 하는 우리의 적일 수 밖에 없다. 불법 가짜 대통령에게는 대한민국의 헌법을 수호해야 할 책무가 없다.

윤석열은 2023년 8월 21일, 을지 국무회의석에서 "북한은 개전 초부터 위장평화 공세와 가짜뉴스 유포, 판국가세력들을 활용한 선전선동으로 극심한 사회 혼란과 분열을 야기할 것"이라고 우려했다.

특히 핵 사용에 대해 "올해 연습부터는 정부 차원의 북핵 대응훈련을 처음으로 실시한다"며 "북한은 전쟁 목적을 달성하기 위해서라면 모든 가용 수단을 총동원할 것이며 핵 사용도 불사할 것"이라고 밝혔다.

다가올 수 있는 미래 일이 아닌, 이미 나라가 하이브리드 비정규전의 위기를 겪고 있는 현실임에도, 마치 별 일 없는 듯 덮어 포장하고 있다. 윤석열 그가 지금 나라의 대통령을 내침에 일조하고서 수괴 문재인으로부터 불법정권의 전권교대까지 받아 불법 통치를 자행하고 있는 표리의 불법행위자 아니던가?

사람에게 충성하지 말고, 법에 충성하라는 교언영색한 감언이설에 빠져서는 그래도 법을 보지 못하고 사람을 바라보는 어리석음은 실로 안타깝기가 그지없다. 그 스스로 법을 보라고 가르쳐줘도 윤석열을 향해 유명한 지식인들이 더 앞서 달려가고 있으니, 이 난감은 훗날에, '이러다가 그렇게 될 줄'을 직접 목격하는 망국에 살처분되거나 보트피플이 되지 않을까, 우려하지 않을 수 없다.

플라톤의 말처럼 우리가 정치에 무관심하니, 가장 저급한 불법 가짜 대통령으로부터 지배를 받으면서도, 오는 총선에 완장 하나 낄 수 있을까 하는 부역질이 난무함에, "우리가 성공할 때는 칼날 바로 끝에서 성공하며, 우리가 죽을 때는 우리 손에 든 그 무기로 죽게 될 것이다."는 쇼펜하우어의 말을 되새기며, 국민 모두는 나라 지키기에 나서기가 시급하다.

PART

3

탄핵 불발이 웬 말인가?

1

'정유법란', 이 많은 위법성

　탄핵을 소추한 국회와 탄핵을 결정한 헌법재판소는 여러 가지로 엄청난 위법을 저지르고서, 불법으로 대통령 탄핵을 소추하고, 파면을 결정한 것이었다.
　대통령을 탄핵할 관련 법은 국가를 운영하기 위한 공법으로서, 그 규정의 대부분은 정해진 대로 이행해야만 하는 강행규정들로 이루어져 있으니, 대통령을 탄핵함에 있어서도 그 관련 법대로 했어야 했다.
　그런데 탄핵을 소추한 국회와 파면을 결정한 헌법재판소는 그런 법을 애써 지키지 않았으니, 그 위반이 한 두 가지가 아니었다.

대의민주제의 전당인 국회國會는
　국회의 탄핵소추는 탄핵소추 발의 의원들의 '탄핵소추안' 제출로서 당시 국회 법제사법위원장이었던 권성동의 책임 관할 하에 놓인 '탄핵소추안'의 적법 처리에서부터 위법성은 시작되었다.

대통령 탄핵소추에 있어서 국회에서 실무를 대표하는 권성동(헌법재판소의 탄핵심판이 제기되면서 '탄핵소추위원장'이 됨)은 국회의 위법한 탄핵소추 상정, 탄핵소추의결서의 무단 변경 제출한 혐의자다.

'탄핵소추위원장' 권성동 주관 하의 국회 탄핵소추안은
① 탄핵할 적법한 증거는 전혀 없고, 풍문만을 탄핵소추의 증거로 삼았다.
② 증거 없는 탄핵소추로서 대통령에 대한 호·불호에 관점을 둔 인민재판식 찬반의 탄핵소추 가결이었다.
③ 탄핵심판 심리 중에 탄핵소추의결서를 무단 수정 변경한 제출은 국회의 재결의도 거치지 않은, 국회 법사위원장 권성동 임의의 것이었다.

1) '탄핵소추의결서'에 탄핵할 증거는 아무것도 없었다.

지난 2016년 12월 당시, 국회 법제사법위원장 겸 대통령 탄핵소추위원장이었던 권성동은 국회가 대통령 박근혜에 대하여 탄핵을 소추하고 가결함에는 소관 법제사법위원회가 탄핵소추안을 회부받고서는 이를 지체 없이 조사·보고하여야 한다.

그럼에도 불구하고, 적법하게 타당성을 가질 만한 탄핵할 증거가 아무것도 없는 소추안을 가결되도록 법 절차를 위반하고, 일체의 조사 없이 소추안을 국회 본회의에 상정하여, 234인의 동의로써 가결됨에, 탄핵소추의결서(=탄핵소추장)를 헌법재판소에 제출함으로써 탄핵심판이 제기되었다.

당시, 박근혜 대통령을 탄핵하는 절차는 말단 공무원의 파면보다도 못한, 일사천리로 이미 결정해 놓은 형식적 절차의 진행만 있었을 뿐, 실체적 진실 발견을 위한 증거조사 따위는 전혀 없었다.

박근혜 대통령 탄핵소추안 [전문]에 나타난 바와 같이, 탄핵소추하는 증거자료로는 〈증거 기타 조사상 참고자료〉로 표시된, 수사 중이거나 재판 진행 중이면 공개될 수 없는 기록도 있다.

불법 공개된 '공소장'과 21개 항목 중 14개 항목이 언론기사로써 탄핵소추하는 증거로 삼은 각 사건별 항목마다 여러 언론사로부터 나온 입방아 글방아의 기사 뭉치가 바로 대통령 탄핵의 모든 증거였다는 사실이다.

탄핵소추안 [전문]에 나타난 '증거 기타 조사상 참고자료' 목록이다.

1. 최순실, 안종범, 정호성에 대한 공소장
2. 차은택, 송성각, 김영수, 김홍탁, 김경태에 대한 공소장
3. 2004년 5월 14일 대통령(노무현) 탄핵 관련 헌법재판소 결정문 [2004헌나1 결정]
4. 1997년 4월 17일 일해재단 설립 전두환, 노태우 사건 관련 대법원 판결문[96도3377]
5. 2015년 10월 27일 경제활성법안, 5대 노동개혁법 처리 등을 내용으로 하는 박근혜 대통령 시정연설 국회본회의회의록
6. 2016년 11월 4일 박근혜 대통령 대국민 담화문
7. 최순실, 김종덕-김상률 인사 개입 관련 기사
8. 김종, 최순실·장시호 이권개입 지원 관련 기사
9. 유진룡, 문화체육관광부 승마협회 조사·감사 관련 인터뷰 기사
10. 장시호, 동계스포츠영재센터 예산 지원 관련 기사
11. 차은택, 늘품체조 예산 지원 관련 기사

12. CJ 이미경 부회장 퇴진, 박근혜 대통령 지시한 것이라는 조원동 전수석 인터뷰 기사
13. 정윤회 수사 축소 관련 고 김영한 전 민정수석 비망록 기사
14. 정윤회 국정 농단 의혹 관련 한일 전 경위 인터뷰 기사
15. 정윤회 문건보도 보복 관련 조한규 전 세계일보 사장 인터뷰 기사
16. 박 대통령, 각 그룹의 당면 현안 정리한 자료 요청 관련 기사
17. 국민연금, 삼성물산과 제일모직의 합병 찬성 관련 기사
18. 홍완선 국민연금 기금운용본부장, 삼성 이재용 부회장과 면담 관련 기사
19. 2015년 「광복 70주년 특별사면」 실시 보도자료
20. SK와 롯데, 면세점 추가 설치 특혜 관련 기사
21. K스포츠재단, 수사정보 사전 인지 의혹 관련 기사

이렇게 '탄핵소추의결서'에는 탄핵소추할 증거가 아무것도 없었다.

2) 증거 없이, 찬반의 인민재판식 탄핵소추 찬반 가결

권성동은 탄핵소추안을 제안받고서 국회법 및 증거조사에 관한 법률에 따라 적법한 조치로서의 증거조사도 없이, 탄핵소추안 목록에 언론보도 기사로써 탄핵소추할 증거에 대체하는 위법을 저질렀던 것이다.

이러한 탄핵소추안을 본회의에 상정하고서도 개별적 구체적인 누가 언제 어디서 어떻게 범법을 저질렀다는 위법사항의 적시가 없이, "대통령으로서 세월호가 침몰하여 위급한데도, 대통령은 구조작업에 응하지 않아 국민의 생명을 위험상태에 방치했다"는 식의 개괄적

인 비난으로 작성되었다.

그런 탄핵소추안의 개별 심의도 없이, 대통령 박근혜에 대한 호불호만을 묻는 탄핵소추의 찬반 결의를 투표하게 하는 북괴 공산 사회주의 장마당에서나 있을 인민재판을 이 나라 국회에서 국민을 대표한 국회의원들이 도입하여 현실화해 냈다.

이러한 국회는 위와 같은 증거 없고, 언론상의 풍문에 대한 증거조사도 없이, 시급히 탄핵소추안을 본회에 상정하여, 박근혜 대통령에 대한 호·불호에 관점을 둔 인민재판식 찬반의 탄핵소추 가결을 이뤄 낸 것이다.

당연한 원천적 무효인 파면 결정을 '촛불혁명'이라는 이름으로 국민을 선동하여서는, 대통령에 대한 탄핵심판할 그 위법하였다는 사실행위에 관한 개별적 구체적인 법률판단은 완전히 결한 채, 일사천리로 의결 가결 처리했다.

이런 섣부르고 허접한 소추안과 증거조사 마저도 없었던 국회의원 234인의 망국적이며 반헌법적인 반란의 첫 작품으로서의 탄핵소추의결서는 헌법재판소에 탄핵심판 제기로 넘겨졌다.

3) 수정 탄핵소추의결서에 재의결 없었던 권성동본本

이런 허접하게 작성된 국회의 탄핵소추안이 234인 국회의원들에 의한 탄핵소추 찬성의 가결을 거쳐 헌법재판소에 탄핵소추의결서로 제출되었다. 주심 헌법재판관에 의하여 탄핵심판 심리 중 양 당사자 측에 동의를 구하는 소추의결서를 손질하자고 하여서는, 권성동으로 하여금 다시 손질하여 제출케 하였다.

국회에서 나온 탄핵소추의결서의 정본으로 처음 제출된 39쪽 분량은 73쪽에 이른 원본의 2배에 이르는 양적 질적 변경을 하고서도, 재의결을 거치지 않은, 탄핵소추위원장 개인의 권성동本이었다.

그는 다년간의 국회의원 경력을 지닌 법제사법위원장으로서 수정본 탄핵소추의결서에 관한 국회법 제95조상의 재의결을 거치지 않고서 헌법재판소에 제출하였음은, 고의적인 국가반란의 한 방편이었지 싶다.

그 수정 제출된 탄핵소추의결서에는 의결이 빠진 채로 헌법재판소에 제출된, 아무런 탄핵절차법에 의미를 갖지 못하는 권성동 개인이 작성한 임의의 것으로써 죄 없는 박근혜 대통령을 내치게 하는 선두에서 국헌문란 국가반란의 단초가 되었다.

이렇게 헌법재판소는 국회의 정상적인 재의결도 없었던 무의미한 수정본으로 탄핵심판 심리를 거쳐, 2017년 3월 10일 대통령 박근혜에 대한 파면 결정을 선고하였던 것이다.

헌법을 수호한다는 헌법재판소憲法裁判所는
④ 퇴임하는 헌법재판소장이 공석될 헌법재판관의 임명 회피 및 전원재판부를 구성하지 않은 위법사실,
⑤ 국회의 이런 제대로 작성되지 못한 탄핵소추의결서로서 국회 고유권한인 탄핵소추의결권을 방임 및 침해한 사실,
⑥ 결원재판부에서 심리권을 넘어 결정권까지 행사한 사실,
⑦ 국가반란은 내칠 대통령에게는 정당한 재판받을 권리도 없었다.
⑧ 불법으로 수집한 증거로써 탄핵심판의 파면 결정을 한 사실,
⑨ 헌법재판관들이 탄핵소추의결서를 변경하도록 지도한 '공문서 무단변경 교사' 사실,

⑩ 행위시 이후에 시행될 법률을 소급 적용한 사실,

⑪ 헌법과 법의 일반원칙에 반하는 부적절한 탄핵심판을 한 사실,

⑫ 이런 헌법재판관의 독립성 공정성이 없는 총체적 불법 탄핵으로서 아무런 법률효과를 발생시키지 못한 것이다.

4) 고의적인 전원재판부 구성 회피, 여러 강행규정을 위반

헌법재판소 2016헌나1 박근혜 대통령 탄핵심판 사건에 있어서 당시 박한철 헌법재판소장은 헌법재판소법에 따라 2017년 1월 말로써 임기를 종료하고 퇴임한다.

그런 박 소장은 자신의 퇴임으로 인한 그 결원에 대한 헌법재판관 보충을 하여야 할 것이나, 이를 기피 태만하여, 결원에 대한 보충도 없이 퇴임해 버렸다.

남은 8인의 헌법재판관들은 이정미를 헌법재판소장 대행으로, 주심에 강일원을 주심재판관으로 하고서, 탄핵심판을 진행하는 과정에서 8인의 헌법재판관들은 고의적으로 갖은 위법을 범한 것이다.

그 범법의 모양세는 법률 해석상의 견해를 달리하는 것이 아니라, 앞서 보인 국가 공법상의 강행규정을 적극 고의적으로 위반한 정유법란의 반란을 저지른 헌법재판관들이라는 것이다. 이정미 재판관의 임기에 쫓겨서 날치기 탄핵심판을 강행해야 할 근거법이 아무데도 없는, '헌법을 수호한다는 헌법재판소'의 소행이었다.

5) 재의결 정본 아닌, 임의의 권성동본本으로 탄핵심판

탄핵심판에서 헌법재판소나 소추인 및 피소추인은 국회의 탄핵소추 의결사항을 탄핵심판 과정에서 임의로 변경할 수 있는 권한이 그

들에게 없다.

 그럼에도 주심 강일원의 주관하에, 마치 법원의 일반 당사자 소송처럼 탄핵소추의결사항을 다시 정리하자고 양해를 구하는 형태로 권성동으로 하여금 탄핵소추의결서를 다시 정리하여 제출하도록 하는 교사敎唆행위까지 있었다.

 국회 탄핵소추안 발의에서 허접하게 작성된 탄핵소추안이 공산사회주의 인민재판식 가결을 거쳐, 헌법재판소에 탄핵소추의결서로 제출되어서는 주심 헌법재판관에 의하여 탄핵심판 심리 중 양 당사자측에 동의를 구해서 소추의결서를 손질, 정리하자고 했던 것이다.

 이렇게 탄핵소추위원장 권성동에 의해 다시 손질하여 제출된 것이, 처음 제출된 39쪽 분량의 의결서가 73쪽 분량으로 원본의 2배에 이르는 양으로 질적 물리적인 완전한 변형이 이루어진 권성동본本이었다. 이것을 어떻게 탄핵소추 의결서의 정본에 갈음할까?

 헌법재판소법 제26조 ①항에서 규정한 '탄핵심판에서는 국회의 소추의결서의 정본으로 청구서를 갈음한다'고 규정하였음에, 국회의 소추의결이 있었던 그 정본을 지칭하며, 법은 그러한 정본을 요구하고 있다.

 국회의 재의결을 거치지 않은 권성동이 제출한 임의의 권성동본本으로서는 소추의결서의 정본으로 볼 수가 없어, 정본으로서의 탄핵소추의결서에 갈음할 수가 없다. 결국 탄핵소추의결서의 정본조차도 없었던, 위법한 탄핵심판의 결정이 나온 것이었다.

 많은 법률 개정에 있어서 국회 재적의원 과반수 결의로서 의결정족수를 두고 있으나, 특히 대통령에 대한 탄핵소추의결은 그 정족수에 재적의원 2/3이상을 요구하고 있기까지 하다.

국회에서의 위법한 탄핵소추 가결, 그리고 무단 변조하여 제출한 권성동본本으로 변질된 위법한 탄핵소추 수정의결서를 토대로 탄핵심판 심리를 계속하여 파면 결정에 이른 것이었으니, 이렇게 이 나라의 국회와 헌법재판소에서는 헌법이나 법률이 그들의 목적의식 앞에서는 아무런 존재감이나 의미조차도 없이 파괴되어 있었다.

6) 8인 결원재판부에서 심리권을 넘어 결정권까지 행사한 월권

8인의 헌법재판관들은 궐석인 헌법재판관 임명 회피는 헌법재판소법이 강행규정으로 요구하는 전원재판부 구성을 끝내 하지 않았던 것으로, 박한철 헌법재판소장 퇴임전 탄핵심판 제기 때부터 그럴 의사가 없었던 것 같다.

헌법재판소법 제6조 ③항에 의한 헌법재판관의 임기가 만료되거나 정년이 도래하는 경우에는 임기만료일 또는 정년 도래일까지 후임자를 임명하여야 하고, ④항에 의한 임기 중 헌법재판관이 결원된 경우에는 결원된 날부터 30일 이내에 후임자를 임명하여야 한다는 강행규정이 있다.

그럼에도 불구하고, 8인의 헌법재판관들은 이 모두를 이행하지 아니하고서 같은 법 제22조 ①항의 이 법에 특별한 규정이 있는 경우를 제외하고는 헌법재판소의 심판은 헌법재판관 전원으로 구성되는 재판부에서 관장하여야 했었던 강행규정을 무시했다.

더 나아가 같은 법 제23조 ①항에 의한 헌법재판관 7명 이상의 출석으로 사건을 심리할 수 있다 하였음에도 불구하고, 전원재판부를 구성하지 않은 결원재판부로서 심리를 넘어 결정까지 하는 거침없는 위법을 저질렀다.

7) 내칠 대통령에게는 정당한 재판받을 권리조차 없었다.

8인의 헌법재판관들의 이러한 소행으로 인하여 대한민국 국민이자, 탄핵심판의 피소추인이었던 대통령 박근혜로서는 헌법 제27조 ①항에 규정하고 있는 '모든 국민은 헌법과 법률이 정한 법관에 의하여 법률에 의한 재판을 받을 권리를 가진다' 하였음에도, 그럴 기본적인 권리마저도 보장되지 않았다.

9명의 전원재판부에서 궐석된 1명의 헌법재판관이 과연 어떠한 헌법수호 의지의 양심을 가졌는지는 차치물론且置勿論하고, 법률이 요구하는 인원 수 마저도 충족시키지 않고서 결원재판부로서의 심리와 결정까지 선고했다.

결원 보충될, 설사 그 1명이 2016헌나1 사건의 결정문 내용과는 다른 견해를 가졌다고 하더라도, 탄핵을 찬성한 8명 앞에 반대의 그 1명은 무용한 것으로서 8명의 헌법재판관으로 사건 결정에 이른 말도 안되는 구차한 변명을 탄핵 결정문에 늘어놓았다.

그러나, 분명 그 1명이 헌법수호단 내지 저자와 같은 '법률적 양심'을 지닌 자가 있었다면 8명 헌법재판관의 일치된 의견으로 인용 파면한다는 결정에 이르는, 그들의 불법 탄핵심판을 감히 강행하지 못했을 것이다.

국민으로서의 공정한 재판을 받을 권리에 관하여 2016헌나1 사건 이전에, 헌법재판소에서 나온 선결정례가 있었음에도 불구하고, 8인의 헌법재판관들은 관련 법규나 '자기구속의 원칙'이 미치는 선 결정례의 존재에도 아랑곳없었다.

오직 그들만이 추구한 '국헌문란'을 위하여, 이정미 헌법재판관이 퇴임하기 전에 격일제로 개정을 하는 심리를 강행함으로써, 피소추인즉 변호인들로서는 충분한 변론의 준비 및 기회를 갖지 못하게 심리를 강행한 사실 또한 부인하지 못할 것이다.

8) 증거수집 절차의 위배

헌법재판소법 제40조에서는 탄핵심판에 있어서 형사소송에 관한 법령을 준용하도록 규정하고 있고, 같은 법 제32조는 재판부는 결정으로 다른 국가기관 또는 공공단체의 기관에 심판에 필요한 자료의 제출을 요구할 수 있다.

하지만, 재판·소추 또는 범죄수사가 진행 중인 사건의 기록에 대하여는 송부를 요구할 수 없다고 규정하고 있고, 준용되는 형사소송법 제308조의 2에서도 적법한 절차에 따르지 아니하고 수집한 증거는 증거로 할 수 없다고 규정하고 있다.

그런데도, 8인의 헌법재판관들은 그들의 불법 탄핵결정문에서 '검찰의 수사가 이미 종료되었고, 법원의 공판은 아직 시작되지 않은 만큼 자료 요청이 가능하다고 판단했다'는 것이다.

법원의 공판은 아직 시작되지 않았다는 것은, 이미 관련 사건이 기소되어, 법원의 사건번호가 있다는 것이고, 그렇다면 헌법재판소법 제32조상의 '재판 소추 또는 범죄수사가 진행 중인 사건의 기록' 임은 분명하다.

그럼에도 헌법재판소가 이를 넘겨받아 탄핵심판에 활용했다는 명백한 증거가 되는, 형사소송법 제308조의 2에서도 적법한 절차에 따르지 아니하고 수집한 증거는 증거로 할 수 없는 것을 파면할 증거로 채택한 위법의 증거 사실을 지니고 있다.

9) 탄핵소추의결서 무단변경 교사

탄핵소추위원장 권성동이 위법을 저지른 소추할 증거에 관한 조사를 결한 부분과 소추의결서의 수정본에 관하여는 권성동 임의의 것 즉, 국회법 제95조상의 재의결조차 거치지 않은 국회법 및 증거조사에 관한 법률을 위반했다.

이것을 탄핵심판에 마치 적법한 것으로 간주 채택하여 사용하였음으로 인한, 국회의 의결권 등을 무시 침해한 국회법 위반과, 증거조사에 관한 법률 위반의 것을 적법한 것으로 채택하여 탄핵심판에 사용한 직권남용이었다.

이것은, 뻔한 위법성을 지니고 있었음에도 불구하고, 훔친 물건을 구입하는 장물아비와 다를 바 없다는 말이다.

이러한 주심 강일원이 주관한 소추의결서 무단 수정 변경은 형법 제227조 허위공문서 작성 및 교사죄를 구성한다 하겠다.

그리고 8인의 헌법재판관들이 범한 적절치 못한 탄핵소추의결서 사용, 무단 수정 변경 지시 교사, 위법하게 수집한 증거의 사용, 전원재판부 구성 기피, 결원재판부에서의 심리권을 넘은 무단 결정, 국민의 재판받을 권리의 침해, 법률 소급 적용의 위법성 등등은 가볍게는 형법상의 직권남용에 해당한다할 수 있겠다.

하지만, 헌법재판관으로서의 이들의 위법행위로 인한 불법 탄핵심판은 대통령 박근혜의 직무에 관한 권리행사방해로서 헌법기관으로서 그 기능을 발휘하지 못하게 하는 형법상의 '국헌문란'으로 국가보안법과 형법이 규정하는 국가 반란의 죄에 해당한다.

또한, 동시에 국민이 다수결로 투표한 결과로 선출한 대한민국 대통령의 기능에 대하여 그 기능을 불법 악의적으로 마비시킴으로써,

실질적인 국민 주권상의 투표권을 침해한 국민의 권리행사를 방해한 죄에 해당한다.

10) 행위시 이후의 시행법을 소급 적용, 뇌물수수죄로 취급

또 헌법재판관들은 헌법 제12조 및 제13조로써 보장하고 있는 죄형법정주의도 무시한 탄핵심판이었다. 그들이 작성한 탄핵 결정문에는 "우리나라에서는 '부정청탁 및 금품 등 수수의 금지에 관한 법률'이 2015년 3월 제정되어 2016년 9월 시행되었다"고 기재했다.

이와 관련된 "전국경제인연합회가 주도하여 만든 것으로 알려져 있던 재단법인 미르와 재단법인 케이스포츠가 설립될 때, 청와대가 개입하여 대기업으로부터 500억원 이상을 모금하였다는 언론 보도가 2016년 7월경 있었다. 청와대가 재단 설립에 관여한 이유 등이 2016년 9월 국회 국정감사에서 중요한 쟁점이 되었는데, 청와대와 전경련은 이런 의혹을 부인하였다"고 기재했다.

그렇다면 청와대가 개입하여 대기업으로부터 500억원 이상을 모금하였다는 공익적 모금은 역대 정권에서도 있었던 일 - 일종의 관습법慣習法 - 이기도 하지만, 가사 이를 중죄로써 다룰 사안이라 할지라도, 그러한 모금행위는 그러한 언론 보도가 있었던 이미 2016년 7월경 이전의 행위였다.

'부정청탁 및 금품 등 수수의 금지에 관한 법률'이 2016년 9월에 시행되는 법임이 분명한데도, 이를 박근혜 대통령에 경제공동체 운운하며 뇌물수수죄로 다스릴 사안이 아니었다.

일반인도 아닌 대통령 심판에서조차 대한민국에 존재하는 법조차도 그 8인의 헌법재판관에서는 안중에도 없었다. 그들에게는 이미 앞서 국회에서 탄핵소추의결을 하면서 대통령 박근혜에 대한 호불호만을 묻는 표결이었던 것과 마찬가지로, 그들 역시 더 이상의 대한민국 법전이 필요치 않은 반국가적 망국을 획책한 국헌문란의 국가 반란으로 인민재판을 행사하였던 것이다.

11) 피소추인에 이익될 공법상의 강행규정은 완전 배제

헌법재판법 제38조에 의한 소추의결서가 접수된 날로부터 180일 이내에 선고하도록 되어 있으나, 박근혜 대통령에 대한 2016헌나1 사건에 소요된 기간은 총 90일이었다.

여유있는 90일을 충분히 활용하여 재판부 구성에 있어 결원이 없도록 할 수 있었음에도 이를 기피하였다.

탄핵심판에 있어서 결정의 정족수가 6명 이상이라지만, 그 빈 한 자리가 헌법수호단의 주장과 같은 생각의 헌법재판관이었다면, 8인의 헌법재판관들이 이렇게 무지막지한 위법을 전원의 일치된 의사로써 탄핵을 인용하는 대통령 파면 결정에 이를 수는 없었을 것이다.

이런 8인의 헌법재판관들에게는 헌법재판관으로서의 국민된 법률적 양심이나, 공법상의 강행규정에 대한 준법성, 적법절차의 원칙, 헌법재판소에서 낸 선 결정례를 존중하는 자기구속의 원칙, 죄형법정주의, 증거수집의 법칙, 국민의 재판받을 권리로서의 인권 따위는 그들에게 전혀 당치도 않았다.

오직 나라의 헌법과 법률을 파괴하여, 적법한 대통령을 내치는 국헌문란을 야기한 국가 반란으로서, 망국의 의지만을 확인할 수 있는 8인의 헌법재판관들이 공동 연대하여 작성하고 서명한 불법 탄핵 결정이었다.

12) 불법 탄핵이 국헌문란 국가반란의 결정체

이런 말이 안되는 처사로써, 입법을 한다는 국회나, 헌법재판으로써 헌법을 수호한다는 헌법재판소가 상식 이하의 짓거리로써 나라의 법질서를 앞장서 파괴하였다. 이미 이것만으로써도 그 증거가 명백하고 중대하여 박근혜 대통령에 대한 2016헌나1 탄핵심판 사건은 파면 선고와 동시에 이미 저절로 당연 무효된 것이었다.

저절로 당연 무효되었다는 것은, 총알 없는 빈총의 방아쇠를 당겨봄과 같은, 입으로 선고하는 행위만 있었을 뿐이지, 법률효과를 발생할 수 있는 요건의 결여로 그 아무런 인용 파면의 법률효과 자체가 전혀 발생하지 못했다.

그런즉, 8인의 헌법재판관들이 불법 탄핵으로 나라의 대통령을 불법으로 내치고자 모의 결의하였었는지는 모르지만, 그 위법이 지나쳐도 한 두 가지가 아닌 점에서, 그들은 악의적 고의성 있는 국헌문란의 국가반란을 행사한 것이라 볼 일이다.

탄핵심판 결정문에 헌법재판관들 모두 탄핵을 인용한 전원 찬성에 그들의 성명을 기재한 바, 그들 모두는 불법 탄핵심판에 기여한 경중의 차이는 있을지언정, 8인 모두는 국헌문란 국가반란범으로서의 고의적인 진정 연대책임 있는 자들임이 분명하다.

불순한 국정 참탈(慘奪)(참혹히 빼앗음)의 기회에 편승한 대한민국 최고의 법률지식 기관이라고 하는 헌법재판소에서, 그 소속 헌법재판관이라는 신분 하에 나온 결정을, 세상은 온통 절대 신봉했다. 이로써 2017년 05월 09일 대통령선거가 실시되고, 정권을 착취한 촛불반란식 인민재판의 권한 없는 문재인의 가짜정권이 들어서 나라를 불법 무단통치하게 되었던 것이다.

2

불법 탄핵에 의한 파면무효의 법리

국가 공법상의 '강행규정 위반'이었다.

대한민국의 헌법기관 헌법재판소에서 업무로 하는 대통령에 대한 탄핵심판을 다루는 관여 헌법재판관들은 '제재적 행정처분'이 재량권의 범위를 일탈하였거나 남용하였는지 여부는 처분사유로 된 위반행위의 내용과 그 위반의 정도, 당해 처분에 의하여 달성하려는 공익상의 필요와 개인이 입게 될 불이익 및 이에 따르는 제반 사정 등을 객관적으로 심리하여 공익침해의 정도와 그 처분으로 인하여 개인이 입게 될 불이익을 비교교량하여 판단했어야 했다.[대법원 2012.11.15. 선고 2011두31635 판결, 대법원 2000. 4. 7. 선고 98두11779 판결 등]

그런데 사실은 전혀 그렇지가 못했던 즉, 이를 태만히 한 정도가 아니라, 오히려 그들은 헌법과 법률을 역행하는 반국가적 불법행위를 고의적으로 자처하였던 것이다.

허용될 수 없는 위법한 행정행위는 당연무효

위법 불법으로 점철된 탄핵심판으로서의 그 하자瑕疵(=흠결) 있는 행정행위의 치유는 행정행위의 성질이나 법치주의의 관점에서 볼 때 원칙적으로 허용될 수 없고,[대법원 2014.05.16. 선고 2011두13736 판결, 대법원 2010. 8. 26. 선고 2010두2579 판결 등] 그 결과는 당연무효일 뿐이다.

헌법재판소도 '헌법재판소가 탄핵심판을 관장하게 함으로써 탄핵절차를 정치적 심판절차가 아니라 규범적 심판절차로 규정하였다'[헌법재판소 2004. 5. 14. 2004헌나1결정]고 하여 탄핵심판이 사법재판형 제도임을 선 결정례로써 확인한 바 있다.

탄핵심판의 본질은 형사처벌을 목적으로 개별 행위책임을 묻는 것이 아니라, 피소추자인 대통령이 그 직을 유지하는데 적합 또는 부적합을 헌법적 관점에서 판단하는 것이라 하겠다.

즉 탄핵심판은 사유에서 알 수 있듯이 헌법과 법률위반인 경우에 탄핵소추가 가능하고, 그에 따른 파면이 결정되는 것이므로 형사책임을 인정 및 부과하는 절차가 아니라, 헌법과 법률 위반을 확인하고, 그에 따른 처분을 하는 것으로 이해하는 것이 바람직할 것이다.

이에 더하여 탄핵제도는 국민의 신임에 의해 위임된 권력을 국민의 대표자인 국회를 통해 그 위임을 철회하는 제도로 대의적 책임추궁의 의미를 갖는 연유로서, 대통령 탄핵의 경우는 국회 재적의원 3분의 2 이상의 찬성이라는 가중 정족수를 요구하여 대통령 이외의 탄핵보다 강화된 요건을 부여하고 있는 것이라 할 것이다.

이런 탄핵심판의 헌법적 구조에서, 국민이 직접선거로 선출한 대통령에 관하여, 또한 지역주민이 직접선거로 선출한 국회의원이 어떻게 탄핵소추권을 행사했는지도 주권자인 유권자로서 알 수 있어야 함은 당연한 권리이기도 하나, 국회는 비밀투표로써 대통령에 대한 탄핵소추를 가결로서 처리했던 것이다.

헌법재판소는 대통령 박근혜에 대한 탄핵심판 결정문에서 '탄핵소추 절차는 국회와 대통령이라는 헌법기관 사이의 문제이고, 국회의 탄핵소추의결에 따라 사인으로서 대통령 개인의 기본권이 침해되는 것이 아니다. 국가기관이 국민에 대하여 공권력을 행사할 때 준수하여야 하는 법 원칙으로 형성된 적법절차의 원칙을 국가기관에 대하여 헌법을 수호하고자 하는 탄핵소추 절차에 직접 적용할 수 없다.' 고 했다.

그래서 결원되는 헌법재판관을 보충할 필요도 없었고, 결원재판부에서 결정도 할 수 있는 무소불위 전지전능한 무법재판이 타당하다는 말인가?

오늘날 모든 국가작용은 입법절차의 적법성 보장원리뿐만 아니라 '행정 절차적 적법성의 원리'로 발전하였으므로 탄핵소추 절차에도 확대되어야 한다는 견해가 상당히 유력하게 제기되고 있다.

종래 헌법재판소의 태도도 적법절차는 "형사절차상의 영역에 한정되지 않고 입법, 행정 등 국가의 모든 공권력의 작용에는 절차상의 적법성뿐만 아니라 법률의 실체적 내용도 합리성과 정당성을 갖춘 실체적인 적법성이 있어야 한다."는 것이다.

헌법재판소는 탄핵결정문에서 『헌법재판은 9인의 헌법재판관으로 구성된 재판부에 의하여 이루어지는 것이 원칙이다. 그러나 현실적으로는 일부 헌법재판관이 재판에 참여할 수 없는 경우가 발생할 수밖에 없다. 이에 헌법과 헌법재판소법은 재판관 중 결원이 발생한 경우에도 헌법재판소의 헌법수호 기능이 중단되지 않도록 7명 이상의 재판관이 출석하면 사건을 심리하고 결정할 수 있음을 분명히 하고 있다. 그렇다면 재판관 1인이 결원이 되어 8인의 재판관으로 재판부가 구성되더라도 탄핵심판을 심리하고 결정하는 데 헌법과 법률상 아무런 문제가 없다.」고 단정했다.

헌법재판관들은 헌법재판소법상의 대통령 탄핵심판에 결원 보충할 규정도 무시하고 배제할 수 있는 재량행위가 아닌 즉, 탄핵심판 결정에 6인 이상의 찬성이면 9인의 전원재판부가 구성되지 않은 결원재판부의 경우라도 6인 이상이면 만사형통할 수 있는 헌법재판관들 마음대로의 재량 수치가 아닌 것이기에 헌법과 법률상 아무런 문제가 없는 것이 아니다.

국민의 재판받을 권리에 관하여 밝혀 놓은 바와 같이, 단 1명 일지라도 그 결원 자체로서 국민의 재판권을 침해한 위법사실이 증거로써 분명하게 존재하는 헌법재판소의 불법 탄핵 파면 결정은 법률위반 일색으로서 헌법기관의 대통령으로서나, 사인私人으로서의 대통령 박근혜에게 침해된 개인적 기본권 침해는 이루 말할 수 없는 정도이다.

그런데 이러한 불법 파면으로서의 결정이 헌법과 법률을 애써 위반하고서 구차한 변명의 꼼수로써 만들어진 '파면 결정'이란 것에 우리 국민은 빼앗긴 대통령을 대신해 분통을 터뜨릴 수 밖에 없는, 국민으로서의 권리이고 의무 있는 국민주권國民主權상의 당위성當爲性이다.

강행법규를 위반한 법률행위의 무효성

'하자瑕疵(=흠결) 있는 행정처분이 당연무효가 되기 위하여는 그 하자가 법규의 중요한 부분을 위반한 중대한 것으로서 객관적으로 명백한 것이어야 하며, 하자가 중대하고 명백한지 여부를 판별할 때에는 그 법규의 목적, 의미, 기능 등을 목적론적으로 고찰함과 동시에 구체적 사안 자체의 특수성에 관하여도 합리적으로 고찰함을 요한다.

행정청이 어느 법률관계나 사실관계에 대하여 어느 법률의 규정을 적용하여 행정처분을 한 경우에 그 법률관계나 사실관계에 대하여는 그 법률의 규정을 적용할 수 없다는 법리가 명백히 밝혀져 그 해석에 다툼의 여지가 없음에도 행정청이 위 규정을 적용하여 처분을 한 때에는 그 하자가 중대하고도 명백하다고 할 것'[대법원 2009.09.24. 선고 2009두2825판결]이다.

이러한 국회나 헌법재판소가 강행법규에 위반하는 내용의 법률행위는 부적법하거나 위법하여 무효가 되는 것이고, 강행법규의 위반으로서 무효가 됨은 효력법규를 위반한 법률행위이기 때문이다. 따라서 강행법규를 위반한 법률행위는 당연무효일 뿐이다.

국가운영을 위한 공법상의 강행규정強行規定은 사회질서 등의 유지를 위해서 당사자 간의 합의로도 깨뜨릴 수 없는 규정으로서, 당사자의 의사와 상관없이 강제적으로 적용되는 법률상의 규정인 강행법규를 위반한 법률행위는 공공의 질서에 반反하여 절대적 당연무효이다.

이 사건 질의 원인으로서의 위법한 행정처분과 관련하여 그 각 성립요건成立要件 또는 유효요건有效要件으로서 법률상 요구된 절차에 위반된 경우에 있어서는, 쟁송의 쟁점에 있는 헌법기관들의 선행처분과 그 위법한 결과가 권한 없는 사실상의 가짜 대통령에게 총체적으로 귀결된 이러한 위법선상의 위치와 행위에 있어서 그 위법한 정도가 '법 규정상規定上 절차상節次上의 하자瑕疵'가 중대하고 명백한 경우에는 관련된 모든 것이 원칙적으로 무효임이 분명하다.

여러 헌법기관들의 많은 공법상의 강행규정을 위반한 행정처분은 법원의 선고로써 유효한 것이 무효로 변질되는 것이 아니라, 이미 본래부터 그 당해 강행규정에 위법하여 아무런 법률효과가 발생하지 못한 것이다.

하자있는 행정처분이 당연무효라고 하기 위한 요건으로서는 처분에 위법사유가 있다는 것만으로는 부족하고 하자가 법규의 중요한 부분을 위반한 중대한 것으로서 객관적으로(외형상으로) 명백한 것 [대법원 1993.12.07. 선고 93누11432 판결 등]이다.

이렇게 『행정처분이 무효인 경우는 특히 권한 있는 기관에 의한 무효 선언을 기다릴 것 없이 누구든지 무효를 주장 할 수 있는 것』[대법원 1966.12.06. 선고 63누197 판결]이다.

탄핵심판 결정으로서의 여러 가지 흠결을 가진 효력발생 요건을 갖추지 못한 2016헌나1 사건의 대통령에 대한 파면 결정의 효력은 원천적으로 당연무효일 수 밖에 없는 것이고, 동시에 대통령 박근혜가 '적법한 대한민국 대통령'으로서의 지위와 권한을 유지함에 있어서 현행법에 전혀 다름이 없다.

『법해석의 목표는 어디까지나 법적 안정성을 저해하지 않는 범위 내에서 구체적 타당성을 찾는 데 두어야 할 것으로, 그러기 위해서는 '가능한 한 법률에 사용된 문언의 통상적인 의미에 충실하게 해석하는 것을 우선으로 하여야 하고, 다만 문언의 통상적 의미를 벗어나지 아니하는 범위 내에서는 법률의 입법 취지와 목적, 제·

개정 연혁, 법질서 전체와의 조화, 다른 법령과의 관계 등을 고려하는 체계적·논리적 해석방법을 추가적으로 활용할 수 있다.[대법원 2017.12.22.선고 2014다223025 판결]는 상식을 법관들이 모를 바 아닌데… 탄핵무효 소송상의 법원의 판결조차도 전혀 엉뚱하기만 하다.

이렇듯, 여러 가지의 법률 위반으로 점철된 대통령 박근혜에 대한 파면 결정 선고 처분은 안정성·공정성·적법성·객관성·투명성·신뢰성 등의 확보를 필요로 했다.

또한, 불법 탄핵으로 인한 당연무효의 파면 선고 처분을 받는 피소추인의 권익보호 문제도 공익목적 실현과의 비교 교량의 측면에서 적법하게 보장되었어야 했다.

선행처분과 후행처분의 상관관계

선행처분과 후행처분이 서로 결합되었거나 또는 독립하여 각각 별개의 법률효과를 발생시키는 경우라도 선행처분의 하자가 중대하고 명백하여 선행처분이 당연무효인 경우에는 선행처분의 하자를 이유로 후행처분의 효력을 다툴 수 있는 것이 원칙으로 굳어진 판례다.

이러한 국회, 헌법재판소, 중앙선거관리위원회와 불법 가짜 대통령 문재인과 윤석열에 각 위법한 행위가 점철된 과정의 결과로서 '대통령 박근혜'가 대통령으로서의 권한이 있음에도 이를 행사하지 못하고 있는 국권이자 통치권의 참탈慘奪(참혹하게 빼앗음)과 국민주권의 중대한 침해 상태에서 헌법수호단 소송 원고들의 소송으로써 '적법한 대통령 박근혜' 및 주권 국민에게 헌법과 법률에 적법한 위치와 자세로 고쳐져야 할 사법권의 행사가 시급히 요청되고 있다.

◎ 선·후행처분의 결합관계

국회의 권성동본本 탄핵소추수정서와 이에 기초한 헌법재판소의 위법한 탄핵결정의 관계와 같은 2개 이상의 행정처분이 연속적 또는 단계적으로 이루어지는 경우 선행처분과 후행처분이 서로 합하여 1개의 법률효과를 완성하는 때에는 선행처분에 하자가 있으면 그 하자는 후행처분에 승계된다.

이러한 경우에는 선행처분에 불가쟁력이 생겨 그 효력을 다툴 수 없게 되더라도 선행처분의 하자를 이유로 후행처분의 효력을 다툴 수 있다.[대법원 2019.01.31. 선고 2017두40372 판결, 대법원 1994. 1. 25. 선고 93누8542 판결, 1998. 3. 13. 선고 96누6059 판결]

◎ 선·후행처분의 독립관계

헌법재판소의 위법한 탄핵결정과 대통령선거 실시의 관계와 같은 선·후행처분이 서로 독립하여 각각 별개의 법률효과를 발생시키는 경우라도 선행처분의 하자가 중대하고 명백하여 선행처분이 당연무효인 경우에는 선행처분의 하자를 이유로 후행처분의 효력을 다툴 수 있는 것이 원칙이다.[대법원 2000. 9. 5. 선고 99두9889 판결, 대법원 2004. 06. 10. 선고 2002두12618 판결, 대법원 2009. 04. 23. 선고 2007두13159 판결 등]

이 경우 법원의 소송상에서도 선행처분의 불가쟁력이나 구속력이 그로 인하여 불이익을 입게 되는 자에게 수인한도를 넘는 가혹함을 가져오고, 그 결과가 당사자에게 예측가능한 것이 아니라면, 국민의 재판받을 권리를 보장하고 있는 헌법의 이념에 비추어 선행처분의

후행처분에 대한 구속력은 인정될 수 없다.[대법원 2019.01.31. 선고 2017두40372 판결 등]

　이러한 헌법기관으로서의 권한에는 사무의 성질 및 내용에 따르는 제약이 있고, 지역적·대인적으로 한계가 있으므로 이러한 권한의 범위를 넘어서는 권한유월의 행위는 무권한 행위로서 원칙적으로 무효이고, 선행행위가 부존재하거나 무효인 경우에는 그 하자는 당연히 후행행위에 승계되어 후행행위도 무효로 된다[대법원 1996.06.28. 선고 96누4374 판결]는 당연한 순리적 법리이다.

　따라서, 가짜 대통령의 불법통치에 선행된 각 관련 헌법기관들의 선행처분된 당연무효의 비구속성으로 인하여 헌법수호단 소송 원고들의 제소요건이나 수명법원으로서의 후행적 판단을 함에 있어서 아무런 제약을 받지 않는 것이다.

　여러 헌법기관들의 각 관장업무로서의 행정처분은 그 어느 것 하나라도 위반되어서는 아니 될 - 달리 치유될 수도 없는 - 공법상의 강행규정상의 여러 가지 위법사항으로서, 선행처분과 후행처분이 서로 결합되었거나 독립되었다 하더라도 선행처분의 하자가 중대하고 명백하여 선행처분이 당연무효인 경우에는 선행처분의 하자를 이유로 후행처분의 효력을 다툴 수 있는 것이 원칙이다.

　이런 헌법기관들의 행정처분 행위의 그 하자가 중대하고 명백하여 당연무효로 보아야 할 사유가 존재하고, 선행처분의 불가쟁력이나 구속력이 그로 인하여 불이익을 입게 되는 적법한 대통령 박근혜에게는 법외의 지나친 가혹함이었다.

　또한, 국민으로서 이런 불법 무권無權의 가짜 대통령으로부터 통치를 받는 결과가 국민인 당사자에게 예측 가능한 것이 아닌, 이 경우에는 국민의 재판받을 권리를 보장하고 있는 헌법의 이념에 비추어 선행처분의 후행처분에 대한 행정행위로서의 구속력은 인정될 수 없다고 봄이 타당하다.

따라서 선행처분에 위법이 있는 경우에는 그 자체를 행정소송의 대상으로 삼아 위법 여부를 다툴 수 있음은 물론이지만, 이를 기초로 한 후행처분의 무효·취소를 구하는 행정소송에서도 선행처분의 위법을 독립된 위법사유 즉 청구원인으로 주장할 수 있다.[대법원 1998.03.13. 선고 96누6059 판결]

이렇듯, 위법한 무권 사실상의 대통령 문재인과 윤석열은 국회, 헌법재판소, 중앙선거관리위원회의 각 강행규정 위반이라고 하는 위법행위의 존재 사실로써, 이들 각자 내지는 상호간의 선·후 관계에 있어서 결합관계이거나 독립관계이거나 하등의 결론을 달리하지 않는다.

불법 무권 대통령은 대한민국 대통령으로서 법률상 가질 수 있는 일체의 권한이 없고, 이를 법원에 소송을 통하여 공신력 있는 법원의 판결로써 확인받아 볼 수 있는 것이다.

그러나, 본래 아무런 법률효과를 발생시키지 못한 원천적인 당연무효의 법리상에서 헌법재판소가 선고한 박근혜 대통령에 대한 파면 선고는 그 자체 아무것도 아니었기에, 아무것도 없었던 것을 구태여 소송으로 뒤집을 필요조차도 없는 것이다.

다만, 시민단체 헌법수호단이 법률적 사회적 공신력이 없기 때문에, '파면무효' 주장에 관하여 법률적 사회적 공신력이 없기 때문에, 공신력 있는 사법부의 법원을 통하여 이를 확인받아 보고자 소송의 형태로써 그 파면의 무효를 구해 왔던 것이다.

이런 법리상의 맥락에서 헌법수호를 위한 국민투쟁은 탄핵무효를 위한 행정소송 뿐만 아니라, 이렇게 불법 가짜 대통령으로부터 불법 통치 지배를 받은 그 피해의 국민으로서 위자료 명목의 손해배상금 청구까지 병행되고 있다.

불법 탄핵에 기인한 탄핵무효확인 행정소송, 불법통치로 인한 위자료청구소송으로 확대되어, 그 어떤 하나의 승소는 상호간에 일파만파의 폭발적인 역할을 할 것이 분명하고, 이런 다각적인 준법투쟁에 있어서 그 법리상 아무런 법리적 결함이 없는 것이다.

이러한 위자료 청구 소송상의 원심은 당치도 않은 지극히 편파적인 소송진행과 판결을 내놓을 만큼, 이 나라 사법부의 정의감은 많이 퇴폐퇴廢頹된 또 한 번의 그 실상을 확인하는 기회를 소송 원고들은 봤다.

주사파의 망국 공작으로 세운 문재인의 불법 가짜 공화국에 걸친 카르텔 조직체의 그들과 국가를 상대로 하는 소송을 진행해 오면서 알게 된 헌법 파괴의 정도와 그 실상 앞에, 국가보위가 지극히 우려스럽지 않을 수 없었다.

이런 사정 앞에서 그렇다고 우리가 앞서서 용기를 잃고서 포기 방치 방관하기에는, 정작 훗날에 나라가 분명 잘못되고 난 후에 "그때 좀 더 열심히 싸울걸" 하는 후회는 아무런 소용도 가치도 없는 일이다.

피고의 답변을 기다릴 만큼 기다렸고, 원심에서나 항소심에서 패소할 이유가 없는 불법 통치 피해 위자료 청구소송에, 재판기일을 기다린다.

피고의 답변을 기다릴 만큼 기다렸고, 원심에서나 항소심에서 패소할 이유가 없는 청구에서, 재판기일 지정신청을 내었다.

국가 공법상의 강행규정 위반과 대법원 판례

공법公法이라 함은 국가의 조직이나 국가, 공공단체와 국민 간의 권력 관계를 규율하는 법률이다. 국내법의 체계상 공법에는 최상위의 헌법을 비롯하여 국회법, 헌법재판소법, 형법, 행정소송법, 형사소송법, 민사소송법, 세법, 행정관계법, 국제관계법 등 많은 공법이 있다.

대한민국 대통령 박근혜에 있어서는, 이 나라 대한민국에서 2016년 후반기부터 시작된 정유법난의 탄핵정국에서 당시 나라를 망치고자 촛불 반란이 갈구했던 바와 달리, 박근혜 대통령께서는 그들의 섣부른 불법 탄핵으로 인하여 탄핵, 파면, 궐위되지 못했다.

헌법수호단의 7년째 일관된 외침, '탄핵무효'라고 하는 그 위법성의 요지는 『국가운영을 위한 공법상의 강행규정을 위반하면 그 아무런 법률효과가 발생하지 않고 저절로 원천적 당연무효』라는 것이다.

234인의 국회의원들과 9인의 헌법재판관들이 참탈한 적법한 정권을, 문재인에 이어 윤석열에 이르기까지, 거국적인 대통령선거를 실시한 국민 다수의 투표가 있었던 선거로써 다수득표 하였다고 하더라도, 정작 그 적법한 주인은 아직도 임기가 끝나지 않은 대통령에 있다.

이런 대한민국의 헌법과 법률에서 그 적법성을 찾을 수가 없는 망국을 추구하는 불법투성이의 수괴를 중심으로 한 그들 조직체로부터 우리 국민 그리고 국가운영체제가 무단통치를 7년째 받고 있음이다.

사실상의 무권 불법 가짜 대통령 문재인과 그의 뒤를 이은 윤석열을 수괴로 하는 그들 국가반란 망국의 법조 이권카르텔 조직체에 의한 부적법한 국정 운영은 헌법 및 국가운영상의 부적절한 모순투성

이일 수 밖에 없는 것이었다.

 헌법수호단으로부터의 국민저항 준법투쟁의 원인이 된 그들 여러 위법 사항의 대부분은 국가운영을 위한 공법상의 강행법규 위반에 기인하고 있으며, 그러한 강행규정의 의미와 그 위반함의 법률효과로서 이해·판단할 사안이다.

 박근혜 대통령 탄핵에 관련한 국회, 헌법재판소, 중앙선거관리위원회의 위와 같은 각 그 행정처분의 실체적 요건에 관련된 사실관계를 오인한 하자가 있는 경우, 그 하자가 중대하고 명백하다고 하기 위해서는 그 사실관계 오인의 근거가 된 자료가 외형상 상태성狀態性을 결여하거나 또는 객관적으로 그 성립이나 내용의 진정을 인정할 수 없는 것임이 명백한 이러한 헌법기관들의 많은 공법상의 강행규정을 위반한 행정처분은 법원의 선고로써 유효한 것이 무효로 변질되는 것이 아니라, 이미 본래부터 그 당해 강행규정에 위법함으로써 저절로 당연히 무효화 된 것이다.

 『하자 있는 행정처분이 당연무효라고 하기 위한 요건으로서는 처분에 위법사유가 있다는 것만으로는 부족하고 하자가 법규의 중요한 부분을 위반한 중대한 것으로서 객관적으로(외형상으로) 명백한 것』[대법원 1993. 12. 07. 선고 93누11432 판결 등]이어야 하고, 『행정처분이 강행법규에 위배하여 그 효력요건을 결여하거나 처분으로 인하여 의무 또는 불이익을 받을 자에 대하여 그 구속력을 인정할 수 없는 경우에는 이를 무효한 행정처분이라 아니할 수 없다. 따라서 여사한 행정처분이 소송상 선결문제로 된 때에는 법원은 취소할 수 있는 행정처분과 달라서 행정소송절차에 의하지 아니하고 이를 심리 판단할 수 있는 것이다.』[대법원 1955. 09. 15. 선고 4288민상263

판결]

대한민국의 법리가 이러함에 앞서 본 국회와 헌법재판소가 범한 ① 내지 ⑫들은 2017년 05월 10일과 2022년 05월 10일에 법률상 무권한의 불법 가짜 대통령 문재인과 윤석열을 옹립시킨 즉, 헌법재판소의 탄핵심판이라는 절차를 이용하여 불법 탄핵을 일삼은 헌법파괴로써 국헌을 문란케 한 국가보안법 및 형법상의 처벌을 받아야 할 정유법란의 반란자들이 분명하다. 반란이 아니고서는 법률의 석학碩學들이 어떻게 이런 많은 고의적 위법을 저지른단 말인가?

헌법에 의하여 설치된 국가의 대표기관인 '대통령'을 대통령 탄핵심판이라는 법률적 강압에 의하여, 대한민국의 헌법 또는 법률의 기능을 소멸·마비시킬 목적으로 벌인 반란으로 볼 일이다.

대통령의 권리능력을 전복 또는 그 권능 행사를 불가능하게 하면서, 헌법 또는 법률에 정한 절차에 의하지 아니한, 불법 탄핵심판으로 대한민국에서 적법한 대통령의 국가권력을 배제시키는 국헌을 문란하게 하였던 것이다.

국회의 탄핵소추위원장 권성동과 탄핵에 관여되었던 9인의 헌법재판관들은 이러한 목적에 도달하기 위하여 겹겹의 위법한 탄핵심판을 진행하여, 불법 탄핵으로서의 그 종국적인 "대통령 박근혜를 파면하다"는 선고를 하였던 것이다.

이에, 국민으로서는 마치 헌법재판소가 대법원 위에 있는 기관이며, 대통령도 파면시키는 절대지존의 기관으로 인식하게 하는, 불법의 전횡專橫(권세를 혼자 쥐고 제 마음대로 함)을 마음껏 행사했다.

권성동과 9인의 헌법재판관들은 국회의 입법권을 침해하고, 헌법재판소법을 위반하는 형법 제91조의 '국헌문란' 야기에 목표를 둔 형법 제123조 '직권남용'의 죄를 범한 것이다.

『금지 규정 등을 위반한 법률행위의 효력에 관하여 명확하게 정하지 않은 경우에는 그 규정의 입법 배경과 취지, 보호법익, 위반의 중대성, 당사자에게 법규정을 위반하려는 의도가 있었는지 여부, 규정 위반이 법률행위의 당사자나 제3자에게 미치는 영향, 위반 행위에 대한 사회적·경제적·윤리적 가치평가, 이와 유사하거나 밀접한 관련이 있는 행위에 대한 법의 태도 등 여러 사정을 종합적으로 고려해서 효력을 판단하여야 한다』.[대법원 2018.10.12. 선고 2015다256794 판결]

헌법수호단으로부터 지탄의 원인이 된 불법행위로서의 위법사실은 헌법기관인 국회, 헌법재판소, 중앙선거관리위원회, 대통령이 국가 공법상의 강행규정 등에 명백하고도 중대한 위반을 행하였음을 원인으로 하고 있다.

이러한 헌법기관들의 공법상의 강행규정 등을 명백하고도 중대하게 위반하였음에 대한 법률효과는 아무것도 없었던 당연무효일 수밖에 없는 것이고, 헌법재판소가 행한 대통령 박근혜에 대한 파면 선고 역시 명백한 무효로서, 소송참가인 대통령 박근혜는 헌법 제68조상의 궐위가 없었던, 적법한 대통령으로서의 법리를 갖는다.

이러한 헌법기관들의 국가 공법상의 『행정처분이 무효인 경우는 특히 권한 있는 기관에 의한 무효 선언을 기다릴 것 없이 누구든지 무효를 주장 할 수 있는 것』[대법원 1966.12.06. 선고 63누197 판결]이기도 하다.

무려, 『민사소송에 있어서도 어느 행정처분의 당연무효 여부가 선결문제로 되는 때에는 이를 판단하여 당연무효임을 전제로 판결

할 수 있고, 반드시 행정소송 등의 절차에 의하여 그 취소나 무효확인을 받아야 하는 것은 아니다』.[대법원 2010.04.08. 선고 2009다90092 판결]

이러한 국회나 헌법재판소, 중앙선거관리위원회의 행정처분에 있어서 실체적 요건에 관련된 사실관계를 오인한 하자가 있는 경우, 그 하자가 중대하고 명백하다고 하기 위해서는 그 사실관계 오인의 근거가 된 자료가 외형상 상태성狀態性을 결여하거나 또는 객관적으로 그 성립이나 내용의 진정을 인정할 수 없는 것임이 명백한 여러 기관의 많은 공법상의 강행규정을 위반한 행정처분은 법원의 선고로써 유효한 것이 무효로 변질되는 것이 아니라, 이미 본래부터 그 당해 강행규정에 위법하여 당연 무효화된 것이다.

하자瑕疵(=흠결) 있는 행정처분이 당연무효라고 하기 위한 요건으로서는 처분에 위법사유가 있다는 것만으로는 부족하고, 하자가 법규의 중요한 부분을 위반한 중대한 것으로서 객관적으로(외형상으로) 명백한 것이어야 한다.

이렇게 『행정처분이 무효인 경우는 특히 권한 있는 기관에 의한 무효 선언을 기다릴 것 없이 누구든지 무효를 주장 할 수 있는 것이므로 행정처분 무효확인의 소에 있어서는 행정소송법 또는 다른 법률의 제소기간에 관한 제한규정의 적용을 받지 아니하고 제소할 수 있는 것』이다.

그러므로, 행정소송이 아닌 민사소송에 있어서도 어느 행정처분의 당연무효 여부가 선결문제로 되는 때에는 이를 판단하여 당연무효임을 전제로 판결할 수 있고, 반드시 행정소송 등의 절차에 의하여 그 취소나 무효확인을 받아야 하는 것도 아니다. '행정처분이 강행법규에 위배하여 그 효력요건을 결여하거나 처분으로 인하여 의무 또는 불이익을 받을 자에 대하여 그 구속력을 인정할 수 없는 경우에는 이를 무효한 행정처분이라 아니할 수 없다. 따라서 여사한 행정처분이 소송상 선결문제로 된 때에는 법원은 취소할 수 있는 행정처분과 달라서 행정소송절차에 의하지 아니하고 이를 심리 판단할 수 있다'는 것이 대법원의 판례다. 이런 지난날의 정의롭고 현명한 판례는 오늘날의 판결 방향을 비춰주는 등대 같은 법리해석은 준법투쟁에 지침이 되었다.

PART
4

헌법수호단의
위국爲國 해법론

1

헌법수호의 당위성

불법 가짜 대통령에 미친 예우

지금까지 우리는 끊임없이 입에 오르내리는 대통령 박근혜에 대한 '불법 탄핵론'의 소문과 사실에 입각한 공작工作의 허실虛實이 아니라, 실질적 국민주권론에 근거한 국민으로서의 정당한 재판을 받을 권리에 비춰 본 적법절차의 원칙이며 죄형법정주의, 공법상의 강행규정의 의미를 헌법과 법률로써 살펴보았다.

가짜가 진짜의 행세를 하고, 진짜를 기결수로 몰아 퇴출되는 반헌법적인 국가운영이 버젓이 이루어진 국정 혼란의 현실 그 자체로서, 실상은 마치 국가가 외적의 침입을 받아 무단 불법통치를 받고 있음과 전혀 다르지 않다.

이런 상황은 머지않을 망국의 불안을 느끼지 않을 수 없는 것으로, 국정운영의 책임 있는 헌법기관들에 의한 국가의 책임으로 빚은, 참으로 한심한 몰법 그 자체에 비분강개悲憤慷慨의 통탄을 금치 않을 수 없었다.

이에 헌법수호단의 끊임없는 불굴의 구국소송과 불법 탄핵의 범법자들에 대한 고발이 등의 형사조치가 이어져 왔다.

박근혜 대통령에 대한 탄핵심판 결정, 분명 법률상 잘못된 불법 탄핵이었다. "그래서 지금 어쩌라고?" 반문할 자도 분명히 있을 것이다.

이 책은 곧 우리가 가야 할 헌법수호의 길이 제시되어 있다. 대한민국과 우리 국민 모두를 위하여, 그리고 자유 민주를 받들며 투쟁으로 일궈 온 착한 역사의 전 인류를 위하여, 반드시 나라의 헌법은 수호되어야만 한다.

탄핵· 파면· 궐위되지 않은 대통령에게는 재직 중 형사불소추특권(헌법 제84조)이 헌법으로 보장되어 있음이니, 적법하게 탄핵 당하지 못한 불법 탄핵의 억울한 대통령으로서 지난 그 치욕적이고 고단한 수사와 재판을 감내해야 했으며, 그로써 기결수가 된 진짜 대통령을 장기간 투옥 감금시키는 중죄인으로 다뤘던 검찰과 법원의 그들이 취급한 형사기록과 재판은 모두 무효일 수 밖에 없다.

이런 중차대한 헌법 파괴 실상의 사안에 있어서, 그간 가짜 조작 태블릿PC의 진실이 밝혀지는 등의 것으로 박근혜 대통령에 대한 형사재판에서 나온 무효의 사슬들을 풀고자 거추장스럽고도 불용한 여러 건의 형사재판 재심을 논할 가치는 전혀 없다.

이것이 "대한민국의 헌법이 파괴되었다"고 하는 그 실상의 진면목이라 할, 박근혜 대통령에 관한 불법 탄핵 앞에 피고인으로 서야 하는 자가 과연 몇 명일까?

이런 엄청난 일을 꾸며, 이 나라를 망국에 빠뜨리기 위하여 현직 대통령을 끌어내고. 대법원장과 여러 국정원장, 장관, 장군 등 국가운영의 중요 직책 자들을 형사재판의 허울을 씌웠지만, 이 중에 여럿은 이미 무죄로 풀려 난데는 망국의 억지 수작이었다 아니할 수 없는 증거다.

그래도 자신의 문제 아니니까 "나 몰라라, 그런 얘긴 하지 말라"고 하는 사이에 불의는 진실을 짓밟았고, 불법은 정의를 짓밟았으며, 무관심은 당신 스스로를 짓밟았다는 사실조차도 인식하지 못하고 있는 대한민국 국민헌법 파괴의 실상을 알려, 거국적인 무지몽매를 깨워 온 헌법수호단이다.

박근혜 대통령의 탄핵 사건으로 국민들이 입은 각각의 손해가 문제가 아니라, 공산사회주의로 적화되고 있는 나라를 살리고 지키자는 것이고, 그러기 위해서는 현행 실정법實定法에 의거한 그들의 위법·불법행위에 대한 정법한 규명과 법적 책임을 반드시 물어야 할 일이다.

이를 누가 하겠는가? 이 책의 시작에서부터 '50만 국군과 117만 공무원, 그리고 국민에게 고함高喊'친 이유다. 이런 정유법란의 망국 종자들 때문에 대한민국의 법치가 국군과 공무원으로서 바로 서야 한다.

누누이 반복 강조되었지만, 불법 탄핵으로 아직 임기가 남은 제18대 박근혜 대통령의 임기를 수행하거나 적법한 대통령으로서의 복귀를 하고서, 더 이상의 직무수행이 어렵다면 평온하고도 자유로운 의사에 의한 하야下野 선언으로서도 대한민국, 이 나라의 법치가 바로 서는 것이다.

'국민주권'은 불의 불법에 편승하여 인권을 말살하면서, 공권력에 폭력과 파괴를 일삼는 저질스러운 불법 집회가 국민주권이 아니다.

적법성 없는 윤석열이 박근혜 대통령에게 할 수 있는 것이 무엇이겠는가?

"아직은 제 자리가 아니다. 남은 임기를 수행해 달라"며 자리를 반환함이 정법하고 당연하며, 법률가다운 바른 사람으로서의 진면목일 것이다. 그런 연후에 또 밟아갈 수순이 정치적 영역이 아닐까 싶다.

문재인의 간첩질, 반란이었다.

이렇게 달리 변명의 여지가 없는 대한민국의 적법한 대통령이 있음에도 불구하고 불법 가짜 대통령이 국정에 주최하거나 개입할 권리능력 자체가 전혀 없는 무자격자 아니, 범죄인으로서의 문재인과 관련된 그의 지난 5년의 불법통치 사실이 명백하고, 이 법리를 누구나 충분히 쉽게 이해될 수 있을 것이다.

문재인 정부에 있어서 '민주주의라든가, 법치라든가, 또 대통령이나 정권이 정치적으로 불리하더라도 원칙을 따라가는 그런 모습을 기대'했었던 윤석열의 생각과 달리, 문재인을 수괴로 하면서, 그를 둘러싸고 있는 거대한 집단은 집권執權 5년 내내 늘 반국가적 정책과 국론분열 조장만 일삼았으며, 그들의 행각에 대한 도덕성은 뻔뻔스럽기가 짝이 없는 망국일로亡國一路의 '내로남불' 그 자체였다.

문재인은 출신 자체부터가 의혹에 싸인 인물로서, 인민군 장교였다는 부친의 경력과 그 활동, 가족 모자관계, 나아가 자신의 반정부 시위 및 인권을 가장한 반정부 변호활동 등과, 참탈慘奪 집권 후 국민에게 보여 준 친북 용공주의자 중용 및 인정, 부정부패, 군사·외교의 일탈, 자원 배분의 왜곡, 정국 불안정 야기, 재정고갈,·국론분열 정책 등 하나같이 반국가적 정책으로 일관된 친북·종북·친중의 행적

뿐 이었다.

문재인의 불법통치 5년은 북한 정권과 북한군을 명백한 우리의 주적으로 보지 않았고, 공문서 상에서 그러한 매김을 거부하는, 헌법에 반해 북한 이념과 체제 등을 추종함으로써 자유 민주주의 체제의 근간을 흔드는 세력의 수괴로서 나라의 안보를 위협했다.

그는 북한의 대남적화 획책에 따라서 행동하는, 우리 내부에는 대한민국 정통성과 자유민주주의체제를 부정하고, 북한 3대 세습 정권과 최악의 인권유린 실태, 극심한 경제난 등에 대해서는 침묵하며 북한을 무비판적으로 추종하는 세력으로서 그 중심이었다.

이러한 우리 내부의 위협세력은 북한식 연방제 통일을 주장하며, 끊임없이 주한미군 철수, 반공정권 타도 등 반미 분위기를 조장한 것이다.

그런 문재인은 북한을 위한 여러 가지 반국가적 공작행태로써, 평화 프로세스니 뭐니 하면서, 2018년 김정은과의 평화회담에서 채택한 남북한 군사회담에서는 군사 분계선 일대 비행과 포사격 훈련을 제 마음대로 금지시키고, 한미연합 군사훈련도 거부했다.

동·서해 완충구역에서의 포사격 및 해상훈련 중지, 북한 탱크 등의 진입을 막을 수 있는 남한의 방어시설물을 스스로 제거해서 유사시 북한의 남침을 용이하게 돕는 철도 및 도로 건설에 철책선 제거까지, 국가안보에 반하는 많은 이적질에 문재인은 주저함이 없었다.

혼자만의 거짓말로 "김정은이 핵을 포기하기로 했다" 하면서, 트럼프 미국 대통령을 설득해서 미북 회담을 시작하게 했고, 핵 폐기 이전에 경제 제재부터 해제해 주자고 문재인은 UN에서, 프랑스로, 영국으로, 전 세계를 여행 돌아다니면서 김정은의 대변인 노릇까지도 자처했던 자다.

 문재인의 집권 5년은 '간첩신고 113' 표식안내도 없애고, 간첩 잡는 기관은 해체,·무력화시키고서는 간첩을 봐도 못 본 척, 간첩임을 알아도 잡지 않는 국가 반란을 꾀한 스스로가 간첩임을 자인한 행태에서, 오직 망국만을 추구한 대한민국의 망국을 꾀한 간첩질 단체의 수괴였음이 분명하다.

 그는 자유 세상에서 살아 보겠다고 사선을 넘어온 이를 다시 강제 북송시켜 죽게 하고, 김정은과 평화회담까지 하고서도 해양수산부 공무원이 북한 해안가 수상에서 북괴의 총살에 죽어도 항의 한 마디 하지 못한 자다,

 금세기 남로당의 간첩 수장 망국의 수괴는 이렇게 오직 친북 정책만 행사하고서도 '삶은 소대가리' 운운 하는 비아냥거림이나 들은 그는 분명 간첩인 것으로, 나라가 이를 간첩 아니라고 방치한다면 세상에 간첩은 아무도 없다.

 간첩間諜이라 함은 '단체나 국가의 비밀을 몰래 탐지, 수집하여 대립 관계에 놓여 있는 단체나 국가에 제공하는 사람'으로 정의하고 있다.

◎ 형법 제91조(국헌문란의 정의)
 본장에서 국헌을 문란할 목적이라 함은 다음 각호의 1에 해당함을 말한다.
　1. 헌법 또는 법률에 정한 절차에 의하지 아니하고 헌법 또는 법률의 기능을 소멸시키는 것.
　2. 헌법에 의하여 설치된 국가기관을 강압에 의하여 전복 또는 그 권능행사를 불가능하게 하는 것.

◎ 형법 제87조(내란)

대한민국 영토의 전부 또는 일부에서 국가권력을 배제하거나 국헌을 문란하게 할 목적으로 폭동을 일으킨 자는 다음 각 호의 구분에 따라 처벌한다.

1. 우두머리(수괴)는 사형, 무기징역 또는 무기금고에 처한다.
2. 모의에 참여하거나 지휘하거나 그 밖의 중요한 임무에 종사한 자는 사형, 무기 또는 5년 이상의 징역이나 금고에 처한다. 살상, 파괴 또는 약탈 행위를 실행한 자도 같다.
3. 부화수행附和隨行하거나 단순히 폭동에만 관여한 자는 5년 이하의 징역이나 금고에 처한다.

◎ 국가보안법 제2조(정의)

① 이 법에서"반국가단체"라 함은 정부를 참칭하거나 국가를 변란할 것을 목적으로 하는 국내외의 결사 또는 집단으로서 지휘통솔체제를 갖춘 단체를 말한다.

◎ 국가보안법 제3조(반국가단체의 구성등)

① 반국가단체를 구성하거나 이에 가입한 자는 다음의 구별에 따라 처벌한다.

1. 수괴의 임무에 종사한 자는 사형 또는 무기징역에 처한다.
2. 간부 기타 지도적 임무에 종사한 자는 사형·무기 또는 5년 이상의 징역에 처한다.
3. 그 이외의 자는 2년 이상의 유기징역에 처한다.

② 타인에게 반국가단체에 가입할 것을 권유한 자는 2년 이상의

유기징역에 처한다.
③ 제1항 및 제2항의 미수범은 처벌한다.
④ 제1항제1호 및 제2호의 죄를 범할 목적으로 예비 또는 음모한 자는 2년 이상의 유기징역에 처한다.
⑤ 제1항제3호의 죄를 범할 목적으로 예비 또는 음모한 자는 10년 이하의 징역에 처한다.

반란죄에 있어서의 반란이란, 국권에 반항하는 행위를 모두 포함하는 구성요건이므로, 반란행위는 상황에 따라 부작위범이거나, 각 독립행위의 경합, 공동정범 등 여러 가지 다양한 형태로 나타날 수 있다.

◎ 형법 제18조(부작위범)
위험의 발생을 방지할 의무가 있거나 자기의 행위로 인하여 위험발생의 원인을 야기한 자가 그 위험발생을 방지하지 아니한 때에는 그 발생된 결과에 의하여 처벌한다.

◎ 형법 제19조(독립행위의 경합)
동시 또는 이시의 독립행위가 경합한 경우에 그 결과 발생의 원인된 행위가 판명되지 아니한 때에는 각 행위를 미수범으로 처벌한다.

◎ 형법 제30조(공동정범)
2인 이상이 공동하여 죄를 범한 때에는 각자를 그 죄의 정범으로 처벌한다.

참고할 사건으로, 대법원은 지난 전두환 노태우 대통령에 대하여 12·12 국가 반란죄 적용판단에 전국적인 비상계엄하에서 군이 발휘

할 수 있는 무력을 행사하여, 헌법에 의하여 설치된 국가기관인 대통령과 국무위원들을 강압, 외포畏怖(두려워 떨게 함)케 하여 폭동한 사실을 인정하고, 그들에게 내란죄를 적용하여 처단한 바 있다.

불법 탄핵으로 인한 당연무효인 파면 선고로, 적법 건재한 대통령 박근혜를 두고서, 문재인의 법적 권원 없는 불법통치 행위들은 결국 국가보안법상의 제3조(반국가단체의 구성 등), 제4조(목적수행), 제5조(자진지원·금품수수), 제6조(잠입·탈출), 제7조(찬양·고무등), 제8조(회합·통신 등), 제9조(편의제공), 제10조(불고지), 제11조(특수직무유기) 등의 범죄에 귀결될 수 밖에 없다.

이렇게 국민으로서의 사상도 불건전한, 불법 무권한의 가짜 대통령인 문재인으로서는 대한민국을 위하여 할 수 있는 나랏일은 아무 것도 없었다.

오직 국론분열 작업, 대북지원, 종전선언, 국가안보 붕괴, 공산 사회주의자의 찬양고무, 국고재정 고갈, 노동사회의 악화, 국민의 기본권 억압, 국가기반시 설 철폐, 한미동맹관계 단절, 편중된 인사와 재정분배 따위의 망국 작업만이 그가 완수해야 할 과업이었을 것이다.

대한민국 헌법은 공산주의와 북한노동당정권을 적敵과 악惡으로 보도록 천명했는데, 국가와 국민을 속이는 취임식에서 헌법을 수호하겠다고 형식적으로 거짓 선서한 문재인은 헌법과 국민의 뜻에 반한 반국가적인 역행만 했다.

불법 가짜 공화국 문재인 정부의 망국적 행위는 이루 말할 수 없을 만큼 주도면밀하게 적극적이었던 죄상은 대한민국의 무궁한 영속을 위하여, 하나도 놓쳐서는 안 될, 반드시 척결 단죄해야 할 사항이 아닐 수 없다.

우리 헌법수호단은 '대통령 문재인', '전前 대통령 문재인'이라고 칭하는 입들에게 "지금이라도 생각 좀 하고서 칭하라"고 일침한다. 이런 우리는 그를 감히 형법 및 국가보안법상의 용어대로 '수괴'라고 칭한다.

그에게는 '대통령'이거나 '전前 대통령'일 수 있는 법 적합성이 전혀 없기 때문이다. 그도 이미 수십 차례의 탄핵무효 소송을 당하면서 스스로를 잘 알고 있을 것이다.

불법 가짜 대통령으로부터 고스란히 속은 우리 국민은 그를 탄핵할 근거법도 없었다. 직위 권좌가 있어야 탄핵할 텐데, 불법 가짜에게 그런 것이 어디 있었나? 그럴 권좌 자체가 없는 자였다.

하야下野도 적절치가 않았다. 반란자 그들에게는 '불법 가짜'만 있었을 뿐이다. 불법 가짜 대통령에게는 헌법을 수호할 책무가 있을 수 없다. 그런 그에게 헌법수호 의지가 없음을 탓할 근거와 명분조차도 없었다.

위와 같이 대한민국의 대부분은 국가가 앞장서 헌법을 파괴하고, 불법 가짜의 통치를 열어 줬다. 이러한 잘못됨조차도 인식 없이, 가짜 대통령인 줄도 모르고 5년에 이르는 세월 동안 국민은 불법통치를 받으며 그를 대통령으로 예우했다.

이 정도면 이 나라의 국가권력인 입법권 사법권 행정권에 대하여 국민으로서 말문이 막히는 망국 직전의 국가위기에 봉착해 있음이 아닌가?

망국적 헌법 파괴의 실상과 나라의 현상이 심각한 상황에서 대한민국의 헌법과 관련 법률에 근거한 국민의 양심에 따라 엄정한 수사와 재판으로써 대한민국의 헌정질서를 수호하여야 할 것이다.

지금도 대한민국은 국민의 주권적 권리와 대한민국의 적법한 대통령으로서의 정권이 동시에 절취당한 완벽한 '대한민국의 법률착오였으며, 사기탄핵 정국' 정유법란 중이다.

2017년 5월 10일 이래로 문재인에 이어 윤석열에 이르기까지, 가짜가 진짜의 행세를 하고, 진짜를 기결수로 몰아 퇴출되는 반헌법적인 국가운영이 버젓한 이루어진 현실로서, 마치 국가가 외적의 침입을 받아 무단 불법통치를 받고 있음과 다르지 않다.

세상이 이렇게 심각한 착오를 하고 있었음에, 이를 착오하고 있었음에, 법률적 식견과 공신력이 있는 법원으로부터 대통령의 권한 존재에 관하여 확인을 받아 세상에 재인식시켜주고자 하는 것이 헌법수호단의 투쟁 취지이고, 그러한 법원의 판결로써 사라진 권한과 지위가 다시 살아나는 것이 아니다. 대통령 박근혜에게 본래 처음부터 그 파면됨이 없었다.

불법 탄핵으로 궐위되지 않은 대통령에 법률상 원인 없는 대통령 선거로써 국민이 뽑은 19대였고 20대라고 적법한 것으로 인정하려 든다면, 우리 모두가 불법 가짜 대통령인 그들과 국가보안법 및 형법상의 국가반란을 일으킨 범죄단체 수괴를 추종하는 망국의 공범일 뿐이다.

'자유민주주의'는 있는 법마저도 무시하고서 목소리 크고 조직화로 과장된 다수 무리의 입맛대로 헌법재판을 이토록 음흉한 고의적 위법으로 개판을 쳐서, 파괴할 수 있는 괴뢰 인민들의 헌법이 아니다.

많은 인류가 투쟁한 역사적 산물이며, 존중하는 가장 선진화된 인권적 제도로서 약속된 법은 법으로서 존중되어야 하는 것이다.

2

원상회복

원상회복할 근거

  헌법수호단이 앞서 펴낸『대한민국은 왜 불법 탄핵을 저질렀나?』하는 책을 통하여 밝힌, 국가 헌법기관으로서의 처분의 위법성을 지적한 핵심내용은, 대한민국의 국민으로서 정치인들에게 필요한 선거일에 하루 쉬면서 투표나 해주는 형식적인 허수아비 주권이 국민주권이 아니라는 것이다.

  국민이 투표로 행사한 다수결의 민주주의 원리가 유효한 시기까지도 절대 준수되도록 감시하고, 그 위법성에 항변·저항할 보다 실질적인 국민주권의 위치와 권리에 기반한 준법투쟁의 법리를 밝혀 놓았다.

  이로써 대한민국의 정상적인 국가운영을 위한 국민주권 행사와 졸지에 빼앗긴 대한민국 대통령 박근혜의 적법한 정무복귀를 옹호함으로써, 나라의 헌정질서를 수호함에 있다.

  누누이 강조한 '국가 공법상의 강행규정을 위반하고 진행한 탄핵소추. 탄핵심판 파면 결정, 탄핵 파면의 불발, 원인무효의 대통령선거, 부적법한 사실상의 대통령 행세로서 국가를 통치할 권원을 찾을 수 없었던 불법 가짜 공화국을 형사, 행정, 민사상의 책임을 거론함이다.

그 첫 불법 통치자 문재인이 망국의 그 선봉에서 사실상의 대통령 행세를 하면서 수익한 봉급 및 모든 수당과 판공비(공무처리를 위한 명목의 비용금원)를 비롯하여, 통치 권한 없는 사실상의 대통령 행세로서 지출한 대북지원금 및 그가 행사한 정무직 공무원의 임명에 따른 재정지출 역시 국고로 환수되어야 할 것임이 법리상 분명하다.

전직 대통령에 관한 예우로서 부여하는 수익 역시도 지급된 것의 환수와 지급할 것의 취소는 지극히 당연한 것이다.

'명백하고 중대한 국가 공법상의 강행규정 위반 처분의 당연무효론'과 '불법의 의미'는 선량한 풍속 기타 사회질서에 반하는 경우로서, 행정소송법 제3조 및 제4조와 민법 제103조 및 제104조 위반에 규율 연루連累된 그 관련한 다수 판례가 판단의 법원法源이 된다.

헌법수호단이 밝힌, 앞서 본 헌법기관인 국회, 헌법재판소, 중앙선거관리위원회의 순차적인 불법행위에 기인한 법률상 원인 없는 무권한의 불법적인 사실상의 대통령과 그 부당한 수혜자로서 가질 수 있는 '수익을 보유할 권한의 유무'에 있어서 그 권한 없음은 분명하고 명백하다.

'명백하고 중대한 국가 공법상의 강행규정 위반 처분의 당연무효론'에 의하여 그 행정적 공부상의 지위 인정은 당연히 취소 삭제되어야 마땅하다.

그런 부적격자가 취한 부당이익에 관한 효과에 있어 그 수익자는 반환의무(민법 제748조)를 부담하여야 함은 당연하고, 수괴 문재인 윤석열과 같은 악의 수익자의 반환 범위는 그 받은 이익에 이자를 붙여 반환하고, 손해가 있으면 함께 배상하여야 하는, 그들에게 부담 지워질 책임은 과히 막중하다.

이미 이렇게 불법 가짜 공화국의 개입 및 기여자들을 위한 적법성 없는 통치자와 그 수하 부화뇌동자附和雷同者자들을 위한 명쾌한 판례가 있다.

이득과 손실 사이에 인과관계가 있어야 하나, 그것을 직접적인 것에 한정할 필요는 없다고 보며, 「법률상의 원인의 유무」는 '수익을 보유할 권한의 유무'를 의미하고, 수익의 전제가 되는 법률상 권리의 유무를 의미하지는 않는다는 판례[대법원 1977. 1. 25. 76다2096 판결, 대법원 1981. 1. 13. 80다1201판결, 대법원 1981. 2. 10. 80다1495 판결]를 곱씹어 보면, 박근혜 대통령의 탄핵과 관련한 불법행위자 및 그 부화뇌동자들이 향후의 법적 책임 영역 이해를 돕는 좋은 충분한 근거자료가 될 것이다.

부적법하여 임명권 없는 사실상의 대통령에 의한 부적법한 정무직 임명으로 가짜 공화국의 국정 개입 및 기여자들과 같은 임용결격자로서 정무직 공무원으로 근무해 온 자의 공무원임용에 당연무효의 사유가 있는 경우이다.

이런 부적법한 임명권자나 부적법한 임용결격자와 국가 사이에 공무원 신분관계나 근로고용관계가 적법하게 형성된 바가 없는, 그들의 임명행위나 임용될 수 있는 그 자체에 아무런 적법할 근거가 없음이다.

부적법한 임명권자나 그에 의한 임용행위의 효력은 임용결격자에 대한 당연무효로 볼, 임용결격자가 공무원으로 임명되어 사실상 근무한 보수의 지급여부에 관하여 판례는 이를 명백하게 부인하였다.

아래, 참으로 좋은 판결이 아닐 수 없다. 적법하지 못한 가짜 공화국의 일원으로 임명되어 종사한 자들에게는 이미 받아 간 수익에 대하여 당연한 환수와 함께 퇴직금도 지급할 이유가 없는 것으로서, 그러한 망국 종자들의 부적법성으로 인한 일체의 수익을 취할 수 있는 법률적 근거가 없다.

『교육공무원법에 규정되어 있는 교육공무원임용 결격사유는 교육공무원으로 임용되기 위한 절대적인 소극적 요건으로서 공무원관계는 국가의 임용이 있는 때에 설정되는 것이므로 공무원임용 결격 사유가 있는지의 여부는 그 임용 당시에 시행되던 법률을 기준으로 하여 판단할 것이며 임용 당시 공무원임용 결격사유가 있었다면 비록 국가의 과실에 의하여 임용결격자임을 밝혀내지 못하였다고 하더라도 그 임용행위는 당연무효로 보아야 하고, 이와 같이 당연무효의 임용결격자에 대한 임용행위에 의하여서는 피임용자가 공무원의 신분을 취득하거나 근로고용관계가 성립될 수 없는 것이므로 임용결격자가 공무원으로 임명되어 사실상 근무하여 왔다 하더라도 그러한 피임용자는 공무원연금법의 퇴직급여나 근로기준법 소정의 퇴직금을 청구할 수 없을 뿐만 아니라 위와 같은 관계의 존재를 전제로 하여 국가에 대하여 매월 지급되는 보수도 청구할 수 없다』.[대법원 1995. 10. 12. 선고 95누5905 판결, 대법원 1996. 2. 27. 선고 95누9617 판결, 대법원 1996. 7. 12. 선고 96누3333 판결, 대법원 1998. 1. 23. 선고 97누16985 판결 등]

이런 명쾌한 법 해석의 대법원 판례를 보더라도, 불법 탄핵과 가짜 공화국의 개입 및 기여자들에 대한 부적법성에 관하여 그에 상응

한 적법 조치를 취하지 않을 수 없는 중대사안이다.

이러한 판례로써 미루어 이해할 수 있는 부적법한 임명권자의 형사책임은 피할 수 없는 것이고, 그런 적법하지 못한 가짜 공화국에 정무직의 일원으로 종사한 자들에게 있어 대통령의 기능을 마비시키는 등의 '국헌문란 국가반란행위'에 있어 적법성 없는 불법통치 행위에 따른 부화뇌동자의 책임 또한 경중을 헤아리지 않을 수 없을 것이다.

원상회복할 업무

이상의 드러난 부적법을 근거로 하는 관련인들에게 미칠 원상회복의 실행 방법론으로써 행정적, 형사적, 민사적 책임을 대략 더듬어 보았다.

2017년 3월 10일부로 대통령직에서 탄핵 파면 궐위되지 못한 대통령 박근혜의 존재로 인하여 반사적으로 입게 되는 불법 가짜 대통령 행세를 한 문재인과 윤석열의 대통령 행세에 따른 것들이 될 것이다.

행정적, 민사적 책임으로는
- 전직·현직 대통령직 말소 삭제
- 현직 대통령에 관한 국군통수권 배제
- 전직·현직 대통령에 관한 예우 취소
- 전직 대통령 훈장 회수
- 전직 대통령이 수여한 훈장 회수
- 전직·현직 대통령의 수익금 회수
- 대북지원금 환수 및 배상청구
- 전직·현직 대통령이 임명한 정무직종사자에 관한 수익금 환수

- 전직·현직 대통령이 임명한 정무직종사자에 관한 경력 삭제
- 전직·현직 대통령령 폐기
- 전직·현직 대통령의 발의 법률 폐기
- 감사원, 금융감독원의 감사업무 진행
- 전직·현직 대통령으로서 국민에 대한 불법통치 위자료 배상 책임

형사적 책임으로는
- 전직·현직 대통령 구속 수사
- 전직·현직 대통령에 정무직으로 부화뇌동한 유책 혐의자 수사
- 전직·현직 대통령의 불법통치를 위법으로 도운 사정 공무원 수사

기타 사항
- 대통령 박근혜에 대한 정무복귀 조치
- 대통령 박근혜에 대한 형사보상 및 손해배상
- 적법한 대통령과 인사혁신처, 고위공직자범죄수사처, 대검찰청, 국가수사본부 및 유관 기관의 협의 진행 사항 등

※ '전직'은 사실상의 대통령 행세를 마친 문재인을, '현직'은 2024년 1월 현재 사실상의 대통령 행세를 지속하고 있는 윤석열을 지칭함이다.

3

국헌문란(형법 제91조) 반역혐의의 '내란죄' 구성

국헌문란의 국가반란

이렇게 국가 헌법기관의 이름으로 행한 일련의 범법·위법한 행위들로 이뤄진 당연무효의 파면으로서, 대한민국 대통령 박근혜는 대한민국 대통령직에서 탄핵 파면 궐위된 바가 없다.

고의적으로 헌법을 파괴한 위법한 헌법재판의 당연한 탄핵 무효는 박근혜 대통령에 대한 탄핵이 이루어진 바 없는 것이며, 이후의 법률상 원인 없는 대통령선거 절차였던 것이고, 대통령에 당선되었다는 문재인도 법률상 원인 없는 무권한의 가짜 대통령으로서, 뒤이은 윤석열에게도 다르지 않다.

대한민국 헌법을 비롯한 국가운영을 위한 국법은 정의롭게 반드시 수호되어야 한다. 대통령 탄핵 관련한 헌법기관들의 탄핵절차 과정에 내재된 탄핵소추인 국회의 부적절한 처분 및 이를 근거로 탄핵심판을 심리하고 결정한 대통령 박근혜에 대한 파면 결정은 관여 헌법재판관들로서의 정상적인 법적 견해 및 판단으로 볼 수 없는, 아주 비상식 비법률적인 범법행위의 적나라한 일관성을 탄핵결정문에 분명하게 기록으로 드러내 보여 주고 있다.

형법 제91조에서는 '국헌문란'을 헌법 또는 법률에 정한 절차에 의하지 아니하고 헌법 또는 법률의 기능을 소멸시키는 것과, 헌법에 의하여 설치된 국가기관을 강압에 의하여 전복 또는 그 권능행사를 불가능하게 하는 것이라고 분명하게 정의한, 탄핵 관련인들은 갖은 위법으로 국헌문란을 행했다.

그 탄핵심판의 끝은 결국 '파면하다'고 하는 비상식적이고도 위법한 망국적인 의도로 헌법재판을 진행한 관련인들은 분명 대한민국 국민으로서, 또한 대한민국의 법률가인 국회의원이거나 헌법재판관으로서 그들이 추구 의도한 관점은 따로 있었던 반역죄를 구성한다 할 것이다.

문재인 등은 박근혜 대통령이 마땅히 탄핵대상이라는 주장과 선동으로 국가와 국민들로 하여금 오인, 착각, 부지를 일으키게 하고, 그 실행의 결과인 국민들의 오인, 착각, 부지를 이용하여 2017년 5월 9일 시행하는 원인무효인 대통령선거에 후보등록 신청서를 중앙선거관리위원회에 제출함으로써 위계를 범하는 국가 공권력상의 법률 정상적인 공무를 방해한 불법행위의 사실이 있다.

따라서 대통령 박근혜가 있어야 할 자리가 구치소 영창 안이 아니었던, 헌법과 법률에 따른 5년 임기의 대통령으로서 아직 그 잔여임기가 존재하는 법률상 적법하기가 분명한 대한민국의 현 대통령인 것이다.

이상의 여러 헌법기관들로부터 위법하게 자행된 선행처분은 결국 문재인이나 윤석열에게 있어서 대한민국의 대통령이라고 하는 지위 및 신분상의 법적 권원을 찾을 수가 없는 자로서, 그는 분명 헌법과 법률에 어긋난 범죄조직단체의 수괴에 다르지 않다.

여기서 이들에게 적용될 '범죄단체조직'은 전·현직 사실상의 대통령 행세자 문재인과 윤석열이 정무직으로 임명 조직한 조각組閣과 여타 정무직위에 임명하고 그에 종사한 행위로써 '범죄단체조직'을 이해할 일이다.

특히 문재인은 이런 권원 없는 불법 가짜 대통령으로서 그의 사실상의 집권기 5년 동안에 실질적인 종북 종중의 정책으로서 이 나라를 망국에 도달하도록 도탄에 빠뜨리는 갖은 반국가적 정책을 펼쳐 왔다.

이런 문재인과 윤석열은 '위계에 의한 공무집행방해' 행위와 어우러져 결국 범행으로 의도했던 국가보안법과 형법에 저촉되는 범행을 저지른 것으로, 2017년 5월 10일 이래로 지금까지 대한민국의 현행 헌법과 법률의 그 어느 조항에도 법 적합한 대통령으로서의 근거를 찾을 수 없는 무단 불법통치를 국민에게 행사한 자다.

이런 문재인과 윤석열을 그대로 방치, 아니 전직 대통령으로서 경호 등 예우할 법익의 근거는 그 어디에도 없는 것으로, 이들에 대하여 그 계속되고 있는 불법행위의 잘못됨이 지극히 중대함에, 공무원도 대통령도 아니었던 한 민간인의 불법 행위자에 불과한 수괴들과 그들 조직의 행위에 관하여 헌정질서 수호를 위하여 엄정한 조치가 필요하다.

북한의 반국가 단체성

『북한은 정부를 참칭하고 국가를 변란할 목적으로 불법 조직된 반국가단체로서 한반도 적화통일을 기본목표로 설정하고, 마르크스·레닌주의의 변형인 '김일성 독재사상'(주체사상)에 입각하여 변증법적 유물론에 따른 역사해석과 계급투쟁의 관점에서 한국의 역사를 지배계급에 대한 피지배계급의 계급투쟁으로 규정하는 한편, 남한 사회는 미제국주의의 강점 하에서 그들이 내세운 파쇼정권을 통하여 철저히 종속된 식민지로서 모든 인민이 수탈을 당하고 있다고 주장하고 있다.

또한, 북한은 조국의 자주적 통일과 인민해방을 위해서는 남조선에서 미제국주의 침략자들과 현 정권을 타도함으로써 민족해방 인민민주주의 혁명을 이룩하여야 한다는 전략 아래, 이른바 '통일전선 전술'에 따라 남한의 노동자, 농민 등 피지배 계급을 축으로 청년학생, 지식인, 중소상인 등 조국의 분단과 미제국주의의 식민통치에 의하여 고통 받고 있는 모든 애국적 역량을 망라한 반미구국 통일전선을 구축하여 조선 인민의 주된 원수인 미제국주의를 반대하는 투쟁을 전개하여야 하고, 폭력, 비폭력, 합법, 반합법 등의 수단을 동원하여 반제 반파쇼 민주화 투쟁을 전개함으로써 미제국주의와 독재정부 및 매판자본가의 무리들을 타도하여야 한다고 선전·선동하고 있다.

아울러, 북한은 남북한 통일방안으로 1민족 1국가 2체제 2정부의 소위 '고려연방제통일방안'을 내세워 그 선결 조건으로 국가보안법 폐지, 평화협정 체결 및 미군 철수 등을 내세우고 있을 뿐만 아니라, 제3국의 공작거점 및 해외 반한교민단체를 전위조직으로 하여 위장 평화공세를 전개하는 동시에 국내 반정부 인사 및 운동권 학생들을 입북시켜 연공통일전선을 구축하고자 지속적으로 획책하고 있다.

한편, 1991. 9. 17. 대한민국과 북한이 유엔에 동시 가입하였고, 1991. 12. 13. 이른바 남북 고위급회담에서 남북기본합의서가 채택되었으며, 2000. 6. 15.과 2007. 10. 4. 두 차례에 걸쳐 남북정상회담이 개최되고 남북공동선언문이 발표된 이후 남북이산가족 상봉행사를 비롯하여 남·북한 사이에 정치·경제·사회·문화·학술·스포츠 등 각계각층에서 활발한 교류와 협력이 이루어지는 와중에서도 북한은 1999. 6. 15.과 2002. 6. 29. 제1차, 제2차 연평해전을 일으키고, 2006. 7.경과 2009. 4.경에는 각 대륙간 탄도미사일을 발사하였으며, 2006. 10. 9.과 2009. 5. 27. 두 차례에 걸쳐 지하 핵실험을 실시하고, 2009. 1. 30.에는 조국평화통일위원회 명의로 '남북 간의 모든 합의를 무효화한다.'는 통보를 한 바 있으며, 특히 최근에도 연평도 포격 사건을 일으키는 등 끊임없이 무력도발과 위협을 계속하는 등 우리나라의 자유민주주의 체제를 전복하고자 하는 적화통일노선을 유지하고 있다』.[서울중앙지방법원 2011.12.22. 선고 2009고합731,2011고합348(병합) 판결 국가보안법위반(특수잠입·탈출)·국가보안법위반(회합·통신등)]

여기서 우리는 '북한은 정부를 참칭하고 국가를 변란할 목적으로 불법 조직된 반국가단체'로 단정한 판례의 문구를 볼 수 있는 만큼, 이에 우리를 돌아 볼 현 대한민국의 헌법, 그 파괴 실상을 되짚고자 한다.

앞서 본 바와 같은 불법 탄핵으로 인한 그 무효임에도 국가와 국민을 속이고서 나라의 대통령이 불법 위법으로 내쳐져 감옥에까지 투옥되는 고초를 겪고서, 그런 한편의 대통령 권좌를 대통령으로서의 적법성을 찾을 수가 없는 문재인과 윤석열을 중심으로 정권의 교대를 이루어가며 불법통치를 행사하고 있다.

국헌문란의 국가반역

'국헌문란國憲紊亂'이라 함은 형법 제91조가 규정하고 있는 '헌법 또는 법률에 정한 절차에 의하지 아니하고 헌법 또는 법률의 기능을 소멸시키는 것'이라고 정의하고 있다.

1) 위계에 의한 공무집행 방해

'위계에 의한 공무집행방해'로서 박근혜 대통령의 권력을 참탈한 행위에 대한 그 형사적 책임이 문제되지 않을 수 없는 영역으로서, 이를 보다 상세히 형법상에서 규율하고 있는 법규해석과 그 판례를 살펴보고자 한다.

문재인이나 윤석열은 법률가의 한 사람으로서, 헌법재판소가 위법 탄핵 결정으로 공법상의 강행규정을 위반한 그 법률효과는 당연히 무효라는 사실을 알았거나 알 수 있었다.

그럼에도, 관여 헌법재판관들과 국민들로 하여금 박근혜 대통령을 탄핵의 대상으로 삼아 그릇된 주장과 선동으로써 국가와 국민들로 하여금 오인, 착각, 부지를 일으키게 하고, 그 실행의 결과인 국민들의 오인, 착각, 부지를 이용하여 2017년 5월 9일 시행하는 원인 무효인 대통령선거에 후보등록 신청서를 중앙선거관리위원회에 제출함으로써 위계를 범한 사실이다.

그 위계의 결과로서 다수 득표한 투표결과에 따른 대통령 당선증을 중앙선거관리위원회 위원장으로부터 받아 낸 사실에 의한 ①위법한 탄핵심판 결정, ②법률상 원인 없는 대통령선거, ③법률상 원인 없는 무권 가짜 대통령에 대한 일련의 위계행위는 국가 공권력상의 정상적인 공무를 방해한 것이다. 문재인과 윤석열의 소행은 위계에 의한 공무집행방해죄가 성립함으로써, 그런 이들을 국법에 따라 그의 무권 대통령 행세를 즉시로 중지시켜야 했고, 지금이라도 즉시 체포하여야 할 중대 범죄인이라 할 것이다.

◎ 형법 제137조(위계에 의한 공무집행방해)
위계로써 공무원의 직무집행을 방해한 자는 5년 이하의 징역 또는 1천만원 이하의 벌금에 처한다.

위계에 의한 공무집행방해죄는 위계로써 공무원의 직무집행을 방해하는 죄로 그 수단이 위계라는 것으로서, 위계僞計(착각, 오인, 부지 등의 유발이용)는 타인(공무원 또는 제3자)의 부지不知 또는 착오를 이용하는 일에의 행위를 의미하는 기망과 유혹의 경우를 포함한 것으로서 비밀이던 공연公然이든 불문한다.

본 죄의 성립요건으로는 위계의 존재 사실과 공무집행의 방해를 요건으로 하는, '위계'는 행위자의 목적 달성을 위해 상대방에게 오인 착각 부지 등을 발생하게 하여 이것을 이용하는 모든 행위를 요하고, '공무집행 방해'는 현실적인 직무집행의 방해를 요건으로 한다.

『업무방해죄에 있어서의 행위의 객체는 타인의 업무이고, 여기서 타인이라 함은 범인 이외의 자연인과 법인 및 법인격 없는 단체를 가리킨다』.[대법원 2007. 12. 27. 선고 2005 도 6404 판결, 대법원 2018.05.15. 선고 2017 도 19499 판결 등]

나아가 문재인과 윤석열은 국가의 중요 직책상의 공무원을 임면하고, 그런 부하 직원으로 하여금 국정업무를 처리하게 하고, 그 보고를 받는 등으로 대통령으로서의 무권한無權限인 문재인이나 윤석열이 행한 직무 위배의 위법상태가 위계에 의한 공무집행방해 행위 속에 포함되어 있는 것이라고 보아야 할 것이므로, 이와 같은 경우에는 작위범인 위계에 의한 공무집행방해죄가 분명히 성립한다.[대법원 1997.02.28.선고 96도2825 판결]

또한 무권한無權限한 대통령으로서 그 휘하의 내각을 구성하고 이를 작동시킨 자체가 이미 대한민국의 국법에 저촉되어 있는 탓으로 그 조직 또한 범죄단체 구성과 별다른 이유를 찾기 어렵다.

위계에 의한 공무집행방해죄가 성립되려면 자기의 위계행위로 인하여 공무집행을 방해하려는 의사가 있을 경우에 한한다고 보는 것이 상당하다.[대법원 1970.01.27.선고 69도2260 판결]

이렇게 문재인은 박근혜 대통령에 대한 탄핵 이전에, 불법 탄핵의 완성을 위하여 거리에 나서서 군중들과 탄핵을 주장하는, 이른바 '촛불집회'에 다수 차례에 걸쳐 참가하여 정치인의 한 사람으로서 국민을 불법 선동하기에 앞장섰다.

윤석열은 위법한 수사로써 탄핵 파면 궐위되지 못한 적법한 대통령을 위법한 수사로써 법률상 원인 없는 형사재판에 공소를 제기함으로써 국가권력상의 공무집행에 오인, 착각, 부지를 일으키게 하였던 위계행위의 조장을 도모추가한 실행 사실이다.

2) 국가반역(국헌문란, 내란, 외환)의 불법통치

문재인 등은 박근혜 대통령이 마땅히 탄핵대상이라는 주장과 선동으로 국가와 국민들로 하여금 오인, 착각, 부지를 일으키게 하고, 그 실행의 결과인 국민들의 오인, 착각, 부지를 이용하여 2017년 5월

09일 시행하는 원인무효인 대통령선거에 후보등록 신청서를 중앙선거관리위원회에 제출함으로써 위계를 범하는 국가공권력상의 법률 정상적인 공무를 방해한 불법행위의 사실이 있다.

따라서 결국은 대통령 박근혜가 있어야 할 자리가 구치소 영창 안이 아니었던, 대통령 박근혜로서는 헌법과 법률에 따른 5년 임기의 대통령으로서 아직 그 잔여임기가 존재하는 법률상 적법하기가 분명한 대한민국의 현 대통령인 것이다.

이상의 여러 헌법기관들로부터 위법하게 자행된 선행처분은 결국 문재인이나 윤석열에게 있어서 대한민국의 대통령이라고 하는 지위 및 신분상의 법적 권원을 찾을 수가 없는 자로서, 그들은 분명 헌법과 법률에 어긋난 범죄조직단체의 수괴에 다르지 않다.

특히 문재인은 이런 권원 없는 불법 가짜 대통령으로서 그의 사실상의 집권기 5년 동안에 실질적인 종북 종중의 정책으로서 이 나라를 망국에 도달하도록 도탄에 빠뜨리는 갖은 반국가적 정책을 펼쳤다.

이런 문재인과 윤석열은 '위계에 의한 공무집행방해' 행위와 어우러져 결국 범행으로 의도했던 국가보안법과 형법에 저촉되는 범행을 저지른 것으로, 2017년 5월 10일 이래로 지금까지 대한민국의 현행 헌법과 법률의 그 어느 조항에도 법 적합한 대통령으로서의 근거를 찾을 수 없는 무단 불법통치를 국민들에게 행사한 자이다.

이런 문재인과 윤석열을 그대로 방치, 아니 전직 대통령으로서 경호 등 예우할 법익의 근거는 그 어디에도 없는 것으로, 이들에 대하여 그 계속되고 있는 불법행위의 잘못됨이 지극히 중대함에, 공무원도 대통령도 아니었던 두 민간인의 엄청난 불법행위자에 불과한 수괴와 그들의 행위에 관하여 엄정한 조치가 필요하다.

3) 내란혐의의 적용 가능성

불법 가짜 대통령 문재인 윤석열과 함께한 내란 및 국가보안법 위반 등의 혐의가 있는 망국의 집단인 관련자들이 국헌문란의 목적을 가지고 있었는지의 여부는 외부적으로 드러난 행위와 그 행위에 이르게 된 경위 및 그 행위의 결과 등을 종합하여 판단하여야 한다.

내란 가담자들이 하나의 내란을 구성하는 일련의 행위 전부에 대하여 이를 모의하거나 관여한 바가 없다고 하더라도, 내란집단의 구성원으로서 전체로서의 내란에 포함되는 개개 행위에 대하여 부분적으로라도 그 모의에 참여하거나 기타의 방법으로 기여하였음이 인정된다면, 그 일련의 폭동행위 전부에 대하여 내란죄의 책임을 면할 수 없다.

한편 내란죄는 그 구성요건의 의미 내용 그 자체가 목적에 의하여 결합된 다수의 폭동을 예상하고 있는 범죄라고 할 것이므로, 내란행위자들에 의하여 애초에 계획된 국헌문란의 목적을 위하여 행하여진 일련의 행위는 단일한 내란죄의 구성요건을 충족하는 것으로서 이른바 단순일죄로 보아야 한다.[대법원 1997.04.17.선고 96도3376 전원합의체 판결]

판례도 불법 탄핵 세력들에 대한 비호 및 범행 은닉자들에 적용될 그릇된 사정업무司正業務 처리 관계자는 충분히 내란혐의가 적용될 적법 타당성으로 분명히 해석되고 있다.

범죄혐의자들에 관한 사정업무 관계자들은 국가보안법 제11조(특수직무유기)상의 '범죄수사 또는 정보의 직무에 종사하는 공무원이 이 법의 죄를 범한 자라는 정을 알면서 그 직무를 유기한 때에는 10년 이하의 징역에 처한다.'는 사실을 상기시키지 않을 수가 없다.

 박근혜 대통령에 대한 탄핵의 적법성을 찾을 수 없는 불법 탄핵의 불법행위를 지금이라도 국가는 응당 색출 격리하여야 할 것으로써, 나라의 헌정질서를 바로잡기에 서둘러야 할 사정기관으로서의 정의로운 사명使命이 요구된다. 그런데 국가 3권분립 체제도 무너진…

 불법 탄핵 관련자들로 인하여 불이익을 입은 '적법한 대통령 박근혜'로서는 그 수인한도를 넘는 대한민국의 국격과 대통령 개인의 인격에 비할 바 없는 수모와 가혹함을 당하였다.

 그런 위험천만한 국가운영이 불법 탄핵심판 선고 이래로 계속 진행되고 있는 망국적 상황임을 국민들이 공감하고 알아, 나라를 지키는 진정한 국민주권을 행사하는 나라의 주인이 되어야 할 것이다.

적법한 대통령을 불법 체포·감금

 위와 같이 대한민국 대통령 박근혜는 국회와 헌법재판소의 위법행위로 인하여 당연무효인 파면 선고로서 파면된 바가 없음에도 불구하고, 이를 대통령 궐위로 취급하여 2017년 5월 09일 제19대 대통령을 선거하는 투표를 실시하여, 후보자 중 다수표를 득한 문재인을 제19대 대통령으로 원인무효의 당선증을 교부함으로써 5월 10일부터 법 적합하지 않은 불법 사실상의 대통령 행세로써 대한민국을 통치하고 있었던 사실이다.

 이런 위법사실과 당연무효된 탄핵심판 파면 결정과 원인 무효의 대통령선거, 권한 없는 사실상의 불법 대통령으로 국정이 형성되면서 '적법한 대한민국 대통령'은 파면되지 못하였음에도 불구하고 권좌에서 내쳐져, 대통령으로서의 재직 중 형사 불소추특권을 무시한 불법 체포 감금과 함께 가혹한 형사재판을 진행하고서 중형을 선고받았다.

이러한 혐의의 중심에 있는 불법 가짜 대통령 행세를 한 수괴 문재인을 비롯하여, 그 산하 종자들인 국무총리, 법무부장관, 서울구치소장, 234인의 국회의원, 헌법재판소에서 불법 파면을 선고한 8명 헌법재판관들이 있다.

결원되는 헌법재판관에 대한 임명권을 행사하지 않고서 원인무효인 대통령선거실시를 공표한 대통령 권한대행(국무총리) 황ㄱㅇ, 원인무효의 대통령선거를 주관 실시하고 무효의 당선증을 교부한 중앙선거관리위원회 위원장 김용덕, 대통령 박근혜를 강압 수사한 검찰의 총지휘자인 검찰총장 김ㅅㄴ, 대통령의 수사를 전담한 특별수사본부 특별검사 박ㅇㅅ, 그 아래에서 박근혜 대통령에게 재단을 이용한 억지 뇌물죄로 엮은 윤석열, 2017년 03월 31일 대통령 박근혜에게 위법한 구속영장을 발부한 판사 강ㅂㅇ, 2017년 10월 13일 추가 구속영장을 발부한 판사 김ㅅㅇ도 있다.

수사기록 조서상의 검사, 형사재판에 임하며 형을 선고한 각급 법관들 등은 분명, 국회와 헌법재판소의 위법한 불법 탄핵으로 탄핵·파면·궐위되지 못한 적법한 대통령을 불법 감금함에 다들 나름 크게 공헌(?)한 바 있으니, 가짜 대통령을 적법한 대통령으로 받들며 국가반역의 망국에 참여한 그들의 공과功過를 헌법과 법률에 근거하여 국민의 이름으로 문책하여야 할 것이다.

대한민국에 항적하는 여적죄 형성

아직도 북한은 6.25 무력남침을 북침이라고 조작하고, 천안함 폭침을 남한에서 날조한 것이라고 중상모략하고 있음에도 불구하고, 문재인은 2018년 4.27 판문점 선언 제1항에서 우리 헌법 제4조의 자유민주주의적 통일을 포기하고 북한의 '우리 민족끼리 자주통일 정책'을 채택하였다.

위 사항은 사전에 공론화 과정을 거치지 아니하고 결정되었는 바, 문재인은 형법 제93조에 의거 적과 합세하여 헌법에 위반(=대항)되는 통일정책을 추진하고 있으므로 여적죄를 범하였다.

불법 가짜 대통령으로서 국가의 최고 대표권이 없는 문재인은 이렇게, 2018년 9월의 '판문점선언 이행을 위한 군사분야 합의서'까지 독단으로 북한과 체결, 우리 군대의 정신무장을 해체했으며, 주적이 없는 허수아비로 만들었다. 이는 적에게 서울까지의 진격로인 남침대로를 활짝 열어 준 반국가 반민족 역적으로 다루어야 할 여적죄에 해당된다 하겠다.

문재인은 북한 김정은의 수석대변인(top spokesman)이 됐다는 미국 블룸버그 통신보도, 미국 폼페오 국무장관이 미군 정찰을 제한하는 남북군사합의서에 격분했다는 미국의 소리(VOA) 보도, 트럼프 대통령이 "한국은 미국의 승인 없이 아무것도 하지 않을 것"이라며 제재 완화시도에 제동을 건 사실에 대한 미군 성조지 보도를 종합하면, 6.25 무력남침을 저지하는데 수많은 희생을 치른 동맹국인 미국에 대해서는 전혀 안중에도 없이 졸속으로 합의된 남북군사합의서 따위는 문재인이 적과 합세하여 대한민국과 미국을 비롯한 유엔참전국에 항적하는 행위로서 형법 제93조에 의한 여적죄를 범한 것이다.

4

행정상의 취소 및 무효, 환수

가짜 대통령에게도 연금 주는 나라

가짜 대통령도 몰라보고, 그런 자에게도 연금 주는 잘못된 국정을 국민이 반드시 바로 잡아야 할 일이다.

문재인, 그를 대한민국 대통령으로 인정하는 몰지각한 법은 사실상의 임기를 끝낸 2022년 5월 10일부터 '전직 대통령의 예우에 관한 법률'과 '대통령 경호에 관한 법률'상의 예우를 적용하고 있다.

이 법에 따르면 전직대통령은 임기 때 받은 보수연액의 95% 수준의 연금을 받게 됨으로써 문재인은 기준 연봉액 약 2억 3,822만원을 12개월로 나눠 월급을 받았으며, 매달 받는 연금은 1,400만원으로 추산된다.

그 기준이 되는 문재인의 불법 가짜 대통령으로서의 임기 중 그가 받은 부당한 연봉은 약 2억 3,822만원이고, 이중 보수 연액은 약 1억 7,556만원이다. 이렇게 문재인의 연금은 보수연액 1억 7,556만원 중 95%로

책정되며 이를 월로 환산하면 1,400만원 수준인 것으로 놀랍다.

이런 문재인은 국·공립 및 민간병원에서 진료를 무료로 받을 수 있으며, 연금 외에 교통·통신비와 사무실 운영비, 공무 목적의 여행비도 지급받는다. 그가 원할 경우 기념사업도 지원받을 수 있다. 기념관과 기념도서관 건립사업, 기록물 정리 사업을 할 경우 국무회의 의결을 거쳐 비용 일부를 지원받을 수도 있다.

가짜라도 10년 동안 계속되는 경호지원

문재인은 2022년 5월 10일부터 향후 10년 동안, 대통령 경호처의 경호도 함께 받는다. 대한민국은 문재인에게 경호인력과 방호인력에 관한 내용의 법령도 의결했다.

경남 양산 사저에서 문재인과 생활할 비서진과 운전기사도 국비 지원되고, 공무 여행시 여비 등도 국비로 지급되고 있다. 가짜 대통령에게 이렇게 국민의 세금이 무단히 누수되고 있는 것이다.

퇴역한 가짜 대통령도 의전 예우

문재인을 의전 예우하기 위한 의전 차량도 국가에서 지원된다. 조달청 '나라장터'에 올라온 '전직 대통령 지원차량 구매(리스)계약' 입찰 공고에 의하면, 퇴역 후 48개월 동안 제네시스 G80 전기차 2022년형을 지원받는단다.

차량의 리스 비용은 매월 212만7,400원으로, 총 예산은 1억 211만 5,200원(부가가치세 포함)이다. 아마도, 대통령 행세 당시 '상생형 지역 일자리 정책'을 응원하며 직접 온라인을 통해 구매한 현대차 경형 SUV인 캐스퍼 구입은 국고구매인지 사비구매인지 의문이 아닐 수 없다.

본인 및 그 가족에 대한 치료

전직대통령 및 그 배우자의 국·공립병원(서울대학교병원, 서울대학교치과병원, 국립대학병원 및 국립대학치과병원을 포함한다)에서의 진료는 무료로 하고, 민간의료기관에서의 진료에 소요된 비용은 국가가 이를 부담한다.

가짜 공화국 정무직 '당연상훈' 환수는 필수

대한민국 훈장 및 포장은 대한민국 국민이나 우방국 국민으로서 대한민국에 뚜렷한 공적을 세운 사람에게 수여하는 훈장 및 포장이 가짜 공화국에서는 망국을 위하여 혁혁한 공을 세운 자들에게 고위 공직에 역임만으로 관행적인 수여를 하였다. 수괴 문재인은 적법성 없는 사실상의 임기 5년을 마치면서 스스로의 훈장을 챙겨 나갔다.

공적功績검증도 '요식행위'로서, 국민이 납득할 만한 뚜렷한 공적이 있어야 하건만, 현실상은 그렇지가 않은, 국회의장·대법원장·헌법재판소장은 국민훈장 중 1등급 무궁화장, 장차관급·대법관·헌법재판관은 근정훈장, 1·2등급 청조·황조 훈장이 그냥 주어진다.

따라서 불법 탄핵의 주범들인 8인의 헌법재판관들에게도 퇴임시에 모두 근정훈장이 주어졌다. 훈장 포장이 그 가치를 지니기 위해서는 국민이 납득할 활동이나 업적이 있어야 하건만, 지난 5년 동안 그렇지 못한 망국의 도적범들이 훈장 포장까지 챙겨 나갔다.

대한민국을 위하여 자신의 생명조차도 아끼지 않으며 나라를 지키고 빛낸 분들의 공로가 퇴색되지 않도록, 불법 가짜 반란의 수괴에 붙어 망국의 공을 바친 국가반역 행위자로서 법적 책임을 져야 할 자들에게 주어진 훈장 및 포장은 반드시 회수되어야 할 일이다.

부적법한 대통령으로부터의 국군통수권 배제

한 국가의 최고지도자 대통령이 갖는 국군통수권은 대규모 재난과 같은 국가위기 상황에서 대통령이 그 상황을 지휘하고 통솔하는 것은 실질적인 효과뿐만 아니라 상징적인 효과까지 갖는다.

실질적으로는, 국가원수이자 행정의 수반이며 국군통수권자인 대통령이 위기 상황을 지휘, 감독함으로써 경찰력, 행정력, 군사력 등 국가의 모든 역량을 집중적으로 발휘할 수 있고, 인력과 물적 자원 배분의 우선순위를 정할 수 있으므로, 구조 및 위기 수습이 빠르고 효율적으로 진척될 수 있다.

한 나라의 국군통수권은 국가와 국민의 생명줄 같은 그 소중함을 굳이 설명할 필요조차 없는 중대한 것이거늘, 어쩌다 이 나라는 헌법기관들이 대통령을 내치고서는 불법 가짜 대통령을 옹립한 그 7년의 불법 가짜 공화국이 지속되고 있음인데도, 불법 탄핵에 속은 국민 대다수는 아직도 이에 대한 위험성을 별로 인식하지 못하고 있는 듯하다.

불법 가짜 대통령이 마치 적법한 듯, 국군통수권이며 외교권을 행사하고 있음에도 이에 대한 위험성의 인식조차도 없이, '문재인 대통령', '윤석열 대통령'으로 받드는 부역질이 난무하고 있는 판이다.

그런 문재인은 사실상의 대통령 행세를 하는 국가수반으로 표시되어, 남북 정상 간의 합의라며 판문점 선언과 평양공동선언, 군사협약이란 허울로 안보상의 많은 부분을 허물고 흩트려 놓으며, 안보를 우려하는 국민의 기대를 저버린 행위를 수없이 일삼았다.

　반국가적 행태로서 불법 가짜 대통령이 마치 적법한 듯 국군통수권을 행사한 문재인은 북한의 만행 앞에 대치하고 있는 우리 국군에게 안보의 철조망을 걷게 하는 속수무책의 얼빠진 군대로 만든 그는 분명 가짜 대통령으로서 대한민국을 망치고자 한 국헌문란 국가반란의 그 시작은 결국 그의 행위 작태로서 망국범에 지나지 않았다는 간첩 문재인으로 귀결되는 증명이다.

　이런 국헌문란 국가반란의 주범들이 수괴로서 쥐고 있는 국가와 국민의 생명줄인 국군통수권의 정상 회복이 시급한 만큼, 적법한 대통령 박근혜는 정무복귀로써 헌정질서를 세워나가야 할 탄핵 파면 궐위되지 못한 대통령으로서의 헌법상 책무를 완수하여야 할 대통령의 의무다.

5

민사상의 환수와 배상청구

국가에 대한 민사책임

이렇게 헌법재판소의 당시 불법 탄핵심판에 관여하거나 위법을 점증한 불법 탄핵 관련인들로서는 형법 제123조의 공무원의 직권남용 권리행사 방해에 대한 죄를 구성함과, 나아가 헌법 제65조상의 그 직무집행에 있어서 헌법이나 법률을 위배한 탄핵 사유에 해당하는 불법통치 행위로 인한 중죄인이다.

뿐만 아니라, 적법하지 못하게 얻은 이익이 있다면 응당 적법하게 반환해야 하는 부당이득제도의 이론적 기초는 '누구도 정당한 이유 없이 타인의 손실로 이득을 얻어서는 안 된다'는 것이다.

여기 '정당한 이유' 또는 '법률상 원인'은 재산적 가치의 변동이 그 당사자들 사이의 관계에서도 정당한 것으로 유지되어야 한다는 공평의 이념에 바탕을 둔 것이다.

법률상 원인 없이 부당하게 재산적 이익을 얻었고, 이로 말미암아 타인에게 손해를 준 자에 대하여 그 이득의 반환을 명하는 부당이득 제도[민법 제741조]는 손실자와 수익자간의 재산적 가치의 이동을 조절하는 것이므로 법률이 특별히 이를 배척하지 않는 한 널리 부당이득에 관한 규정이 적용된다.

민법상의 부당이득은 채권 발생원인 중 하나로, 법률상 원인 없이 이득을 얻고, 그로 인하여 타인에게 손해를 가한 일을 말한다.

'손해'는 금전적 환산의 가부를 초월한 물질적, 경제적, 정신적, 시간적, 사상적인 요소 등은 위자료를 포함하는 손해배상 청구의 형태로 발현됨에 비추어 보면, 박근혜 대통령이 헌법상 대통령의 권력을 참탈 당하며 입은 그 정치적, 정신적, 경제적, 명예적인 손실과 그 반대편에서 부당하게 불법행위로서의 이득을 취한 문재인과 윤석열은 엄연히 박근혜 대통령과의 그 대가적인 상관관계에 있는 것이다.

이러한 문재인과 윤석열은 박근혜 대통령에게 응당 적법하게 사실상의 대통령 권한을 행세하고 있는 불법행위를 멈추고 반환해야 할 것이며, 이에 사법부는 헌법과 법률에 적합한 정의로운 사법판단을 시급히 내려 줘야 할 것이다.

이 부당이득의 유형으로 ①급부부당이득, ②지출부당이득, ③침해부당이득 등으로서 불법 무권리자인 가짜 대통령 문재인과 윤석열에 그 동조 및 기여자들은 대통령 박근혜의 대한민국 대통령으로서 갖는 권한 등을 직권남용 및 위계 등에 의한 불법행위로 참탈 함으로써 발생한, 대한민국이 갖는 재정 금원에 관하여 응당 연대책임連帶責任으로서 반환하여야 할 일이다.

앞에서 본 국회는 '국회법'(제130조, 제131조), '국정감사 및 조사에 관한 법률', '국회에서의 증언·감정 등에 관한 법률'에서 요구하는 수준의 증거조사를 하지 않았으며, 수정동의 규정인 국회법 제95조를 위반하였다.

헌법재판소는 결원을 보충해야 하는 헌법재판소법 제6조, 전원재판부를 구성해야 하는 제22조, 결원재판부로서는 심리만 할 수 있음을 직권남용으로 결정권을 행사한 제23조를 위반하고서 대통령에 대한 아무런 법률효과 없는 파면 선고를 하였다.

중앙선거관리위원회는 공직선거법 제35조를 위반한 궐위되지도 않았거나 궐위되지 못한 대통령 박근혜를 궐위되었다고 하여 법률상 원인 없는 원인무효의 대통령선거를 실시하는 비용까지 재정 지출했다.

불법 가짜 대통령은 대통령의 권한이 없음에도 그 권한을 행세하면서 본인과 적법성 없는 본인이 임명한 권원 없는 공직자 및 불법 통치에 소요된 재정지출은 명백한 부당이득의 유형에 속함이다.

◎ 민법 제103조(반사회질서의 법률행위)

선량한 풍속 기타 사회질서에 위반한 사항을 내용으로 하는 법률행위는 무효로 한다.

◎ 민법 제104조(불공정한 법률행위)

당사자의 궁박, 경솔 또는 무경험으로 인하여 현저하게 공정을 잃은 법률행위는 무효로 한다.

법률상의 부당이득이 성립하려면 ①법률상 원인 없는 이득이 있어야 하고, ②수익자의 이득은 수익과 손실 사이에 인과관계로써 생긴 것이어야 하며, ③수익의 방법에는 법률행위에 한정하지 않는,

수익에 대응하는 손해 또는 손실로써 족하다.

불법 탄핵으로 인한 불법 가짜 공화국의 법률상 원인 없는 부당이득은 명백한 위법행위로써 저지른 '불법행위'에 의하여 발생한 경우에 해당함이다.

이러한 불법 가짜 공화국에 개입하거나 기여한 종사자들은 불법행위로 취득한 부당이득의 효과는 이득자들이 손실자인 대한민국에 응당 그 이득을 반환해야 할 의무가 있다.[민법 제741조]

반국가 망국 반란을 범한 문재인 윤석열 일당들의 법률상 원인 없는 부당이득은 중대하고도 명백한 위법행위로써 저지른 불법행위에 의하여 발생한 경우에 해당한다.

이러한 수괴 및 그 종사자들이 불법행위로 취득한 부당이득의 효과는 이득자인 그들이 손실자인 '대한민국'에 대하여 이득을 반환해야 할 의무가 있는 것이다.[민법 제741조]

이에 대한 해당 관계기관으로서는 그들의 무자격 위법성을 확인하고, 그들이 취한 부당이득에 관하여 반드시 환수해야 할 것임이 앞에서 본 '교육공무원법에 규정되어 있는 교육공무원임용 결격사유'에 관한 판례[대법원 1995. 10. 12. 선고 95누5905 판결, 대법원 1996. 2. 27. 선고 95누9617 판결, 대법원 1996. 7. 12. 선고 96누3333 판결, 대법원 1998. 1. 23. 선고 97누16985 판결 등]에 비추어도 명백함에, 업무 관계자가 이를 그르친다면 법률규정에 반한 부작위의 배임죄를 구성할 것이다.

그 부당이득은 원물, 즉 수익자가 받은 목적물을 반환함이 원칙이고, 원물을 반환할 수 없을 때에는 그 가액을 반환하면 될 일이다.[민법 제747조]

문재인과 윤석열을 수괴로, 그를 도운 각 헌법기관 소속 종사자들의 법적 책임은 국가보안법 제3조와 제4조로서 명확하게 확정되어 있음에, 그들 상호간의 사전 약속이나 그런 사정을 알고 모르고의 사정은 중요하지 않고, 다만 형사벌에서 참작 사유일 뿐이다.

이렇게 부당이득 반환 청구의 원인이 되는 불법행위는 명백하다 할 것임에, 대한민국의 헌법을 파괴하며 법을 어겨 불법행위를 행사한 헌법기관인 국회, 헌법재판소, 중앙선거관리위원회, 불법 가짜 대통령과 그 정무직 하수인들이 연대하여 대한민국에 불법행위에 의한 손해배상 겸 부당이득 반환의 책임을 연대하여 부담하면 될 일 같다.

'교육공무원법에 규정되어 있는 교육공무원임용 결격사유'에 관한 판례에 비추어 본, 공무원 결격자가 취한 그 수익의 반환에 관하여 구할 수 있는 민사책임론으로는 그 수익의 반환을 구하는 불법행위의 책임, 부당이득의 책임, 연대채무자로서의 책임론을 논하지 않을 수 없을 것 같다.

◎ 민법 제750조(불법행위의 내용)
고의 또는 과실로 인한 위법행위로 타인에게 손해를 가한 자는 그 손해를 배상할 책임이 있다.

◎ 민법 제741조(부당이득의 내용)
법률상 원인없이 타인의 재산 또는 노무로 인하여 이익을 얻고 이로 인하여 타인에게 손해를 가한 자는 그 이익을 반환하여야 한다.

◎ 민법 제413조(연대채무의 내용)

수인의 채무자가 채무 전부를 각자 이행할 의무가 있고 채무자 1인의 이행으로 다른 채무자도 그 의무를 면하게 되는 때에는 그 채무는 연대채무로 한다.

◎ 민법 제414조(각연대채무자에 대한 이행청구)

채권자는 어느 연대채무자에 대하여 또는 동시나 순차로 모든 연대채무자에 대하여 채무의 전부나 일부의 이행을 청구할 수 있다.

그렇다. 당연한 이치다.『대한민국은 왜 불법 탄핵을 저질렀나?』책에서 상세히 밝혀 누누이 강조되고 있는 불법 가짜 대통령인 문재인과 윤석열은 본인 스스로도 이와 같은 적용을 받을 수 밖에 없지만, 그런 적법한 대통령이 아님으로서 공무원에 대한 임명권이 없는 자가 각료 및 정무직을 임명한 행위는 이렇게 그 정당성이 부인될 수 밖에 없는 것이다.

이렇게 위법한 행정행위와 민사상의 불법행위 책임에 관하여 판례는『행정행위의 하자가 취소사유로 됨에 불과한 경우에 있어서도 그것이 위법함을 전제로 불법행위의 성립요건을 갖추고 있음을 주장·성립하여 국가를 상대로 민사소송에 의해 손해배상을 구하는 것은 행정행위의 공정력과 상치되지 아니하는 것으로서 가능하다.』[서울고법 1988.03.18.선고 87나2968 판결]는 역방향으로서의 국가가 부당이득 및 불법행위자에 청구 역시 가능할 것이다.

"대한민국 대통령으로서의 취임에 결격사유가 있는지의 여부는 대통령으로 취임 당시에 시행되던 법률을 기준으로 하여 판단할 것이며, 취임 당시 대통령 취임에 결격사유가 있었다면 비록 국가의 과실에 의하여 취임 결격자임을 밝혀내지 못하였다고 하더라도 그 취임행위는 당연무효이다."

이상으로 살펴 본, 불법 가짜 공화국의 수괴 문재인과 윤석열에 대한 위법성과 그 책임의 귀결에 있어서 ①국회는 국회법 제95조를 위반한 소추장의 무단 변경을, ②헌법재판소는 헌법재판소법 제22조와 제23조를 위반함으로써 당연무효된 탄핵심판 파면 선고임에도 불구하고 ③중앙선거관리위원회는 공직선거법 제35조를 위반한 궐위되지도 않았거나 궐위되지 못한 대통령 박근혜를 궐위되었다고 하여 법률상 원인 없는 원인무효의 대통령선거를 실시했던 것이다.

당연무효의 선거에서 다수득표자인 문재인이나 윤석열이 공무원인 대통령의 신분을 취득하거나 국가와의 근로고용관계가 적법하게 성립될 수 없는 것으로, 국민의 투표행위가 그에 앞선 불법 탄핵과 원인무효의 대통령선거를 어떤 논리로도 이를 합법적으로 정제 세탁할 수는 없다.

이런 점에서 불법 가짜 공화국의 수괴 문재인과 윤석열, 그들의 불법통치에 개입 및 기여자들은 대한민국과 대통령 박근혜에 대하여 불법행위에 의한 민사상의 부당이득 반환 및 손해배상의 책임과 더불어 각종 형사상의 책임까지 부담해야 할 위치에서 법률상 사실상의 증거가 차고 넘친다 할 것이다.

국민에 대한 민사책임(국민의 권리행사를 방해, 직권남용)

1) 불법통치 손해배상

대한민국 민법상 '불법행위'는 행위자의 고의 또는 과실로 인한 위법 행위로서 타인에게 손해를 가하는 행위인 것이고, 이는 채무불이행과 함께 손해배상청구권의 중요한 발생원인이 되어 그러한 불법행위로 인해 생긴 손해에 대하여 가해자는 마땅히 배상해야 한다.

가. 불법행위의 일반적 성립요건

정상적인 의사 활동을 할 능력이 있는 자에 의한 불법행위로써, 불법행위를 구성하는 주요 요건 중에는 가해자의 '고의'와 '과실'로써, 고의故意란 어떤 행위로 인해 특정한 결과가 나올 것을 인식하면서도 이를 행하는 심리상태를 말하며, 과실過失이란 부주의로 행위의 결과를 인식하지 못하고 어떤 행위를 하는 심리상태를 말한다. 불법행위가 성립하게 되면 가해자는 피해자에게 그 손해를 배상해야 한다.

불법행위는 침해행위의 태양態樣과 피침해이익被侵害利益의 종류를 상관적으로 고찰하고, 법률의 취지에 비추어 위법성의 유무를 결정해야 하는 것으로, '피침해이익의 측면'에서 말하면, 위법성을 재산권과 인격권으로 나눌 수 있다.

이 인격권에는 신체·자유·명예의 침해와 정신상 고통을 주는 행위가 위법하여 불법행위로 되는 것은 민법도 간접적으로 인정(민법 제751조1항)하고 있음에, 이러한 인격권의 침해에 대해서는 재산상의 손해와 정신상의 손해(위자료)를 청구할 수 있다.

침해행위의 태양을 살펴보면, 형벌법규위반刑罰法規違反의 행위와 단속법규위반團束法規違反의 행위로써 위법성을 갖는다.

침해행위와 피침해이익에서 위법성이 조각될 사유로는 정당방위, 긴급피난을 인정하고 있다만, 가짜 공화국 운영의 수괴와 그 종자들의 행위에서 조각될 사유는 없을 것 같다.

불법행위로 인한 손해의 발생에는 인과관계가 있을 것을 요하며,

이때 손해가 재산적 손해에 한하지 않는 것도 민법에서 명확히 정하고 있다(민법 제751조). 손해에는 적극적 손해와 소극적 손해를 포함하는 것은 물론이나, 가해자의 행위와 손해와의 사이에는 인과관계가 있으면 족하다.

나. 불법행위의 효과
불법행위의 가해자는 손해를 배상할 책임이 있다(민법 제750조).
① 배상방법은 금전배상을 원칙으로 하며, 명예훼손에 있어서 법원은 피해자의 청구에 의하여 손해배상에 갈음하거나 손해배상과 함께 명예회복에 적당한 처분을 명할 수 있다(민법 제764조).
② 불법행위로 인한 손해배상의 청구권 행사는 피해자나 그 법정대리인이 손해 및 가해자를 안 날로부터 3년 또는 불법행위를 한 날로부터 10년(민법 제766조)의 소멸시효를 갖고 있다.
③ 어떤 사업을 위하여 타인을 사용하는 자는 피용자가 사무의 집행에 관하여 제3자에게 가한 손해를 배상할 책임을 지는 것으로, 사용자에 갈음하여 사무를 감독하는 자도 같은 책임을 진다(민법 제756조2항).
④ 공동불법행위(민법 제760조)로서 여러 명이 공동으로 저지른 행위나, 교사자敎唆者나 방조자幇助者의 행위 또한 연대책임을 진다.

다. 손해배상의 방법
불법행위로 인한 손해에는 재산적 손해뿐 아니라, 정신적 손해도 금전으로 배상함을 원칙으로 한다.

한편, 금전배상의 예외로, 법원은 명예훼손의 경우에 손해배상에 갈음하거나 손해배상과 함께 명예회복에 적합한 처분을 명할 수 있다 하니, 어떤 처분이 적법할 수 있을까?

이미 앞서 본 여러 헌법기관들의 위법한 행정처분 등이 점철되어 있어, 문재인이나 윤석열이 대한민국의 대통령일 수가 없는 관련 헌법기관들의 위법사항들이다.

문재인은 헌법기관들의 위법한 행정처분에 편승하여 2017년 05월 09일에 실시한 대통령선거에 입후보하고서, 그 원인무효의 투표 결과인 최다득표자로서 대통령 당선증을 교부 받은 사실, 이후 2017년 05월 10일부터 2022년 5월 09일까지 대한민국의 현행 헌법과 법률상으로 부적합한 무권한의 불법 가짜 대통령 행세로써 국민을 불법통치했던 자다.

문재인을 이은 윤석열에 있어서도 국민에 대한 불법통치에 있어서 원인과 구성요건, 효과에 있어서 다를 바는 전혀 없다. 다만 우리는 이미 1차적으로 이미 불법통치를 종결한 피고 문재인을 상대로 하는 손해배상의 소송을 진행 중이고, 이를 토대로 장차 윤석열에게도 소 제기 아니할 수 없다.

문재인과 윤석열의 불법통치행위로 인하여 손해배상 청구 원고들 및 많은 국민은 법에 없는 불법 가짜 대통령으로부터 졸지에 무단통치를 받으면서, 국민으로서의 주권이 중대하게 침해되었다.

국민주권상의 권익이 침해된 인격권에는 신체·자유·명예의 침해와 정신상 고통을 주는 행위가 위법하여 불법행위로 되는 것은 민법도 간접적으로 인정(민법 제751조1항)하고 있음에, 이러한 인격권의 침해에 대해서는 재산상의 손해와 정신상의 손해인 위자료를 청구할 수 있다.

이로써, 문재인으로부터의 불법통치를 받은 국민으로서 이미 발생한 그 5년(60개월)의 피해에 대하여 금전으로나마 배상받을 수 밖에 없는 헌법수호단 원고들의 위자료 명목의 청구소송은 이유 있다.

그렇다면 이에 따라 제소되는 소송상의 피고는 원고들에게 이 사건 청구취지상의 손해를 응당 배상할 의무가 있다할 것이고, 원고들이 피고에게 구하는 손해배상금으로서 이를 정확히 산정하기는 그 성질상 불가능한 '위자료' 명목이다.

헌법수호단에서 주관하여 추진하는 민사소송의 위자료 청구에서, 이 사건 청구취지로서의 '피고 문재인은 각 원고들에게 불법통치 피해에 대한 매월 위자료 금 1,000,000원 및 이에 대하여 2017년 5월 10일부터 2022년 5월 09일까지는 연 5%, 그 다음날부터 다 갚는 날까지는 연 12%의 비율로 계산한 돈 중 그 일부금 1개월분의 1,000,000원을 우선 지급하라.'는 것이다.

이런 '청구취지'로써 헌법수호단은 이미 피고 문재인을 상대로 하는 그의 불법통치 행위로 인한 손해배상으로서의 위자료 청구 1차 소송을 2022년 5월 10일, 한 지방법원 민사재판부에 제소하여 항소심에 계류 중이다.

위자료 청구소송을 계속적으로 차수를 이어갈 계획으로서의, 그 추진목적이 있다. 첫째, 헌법기관들의 위법행위를 국민들에게 널리 알림으로써 공공기관과 공무원들을 경책하면서, 대한민국의 헌법과 법률이 바로 서는 법치사회의 실현이다. 둘째, 헌법기관들이 헌법을 파괴하는 위법행위의 결과로써 국민이 불법 가짜 대통령으로부터 무단통치의 피해를 입은 그 적법하고도 정당한 주권 있는 국민으로서의 권리 실현에 있다.

지금까지 갖은 나쁜 소행들을 일삼은 공공기관들과 공복들을 다시 눈여겨 볼 필요가 있는, 우리가 존재하는 '국가, 나라'라고 하는 울타리가 보금자리이고 생명, 자유, 희망의 실체이다.

헌법수호단은 이를 실현하는 방법으로서, 불법통치 60개월에 대한 그 일부청구 1개월분의 승소 판결금으로써 남은 59개월의 잔여청구에 이르는 비용으로, 한 바가지의 마중물로서 60개월의 위자료를 받아 내는 소송방식이다.

민사소송에 있어서 어느 행정처분의 당연무효 여부가 선결문제로 되는 때에는 이를 판단하여 당연무효임을 전제로 판결할 수 있고, 반드시 행정소송 등의 절차에 의하여 그 취소나 무효확인을 먼저 받아야 하는 것도 아니다.

"나라는 반드시 지켜져야 한다"고 생각하는 국민 모두의 참여를 기다린다.

2) 위법한 행정행위와 불법행위 책임

이 책이 전하고 있는 헌법기관들의 국가반란, 즉 국회, 헌법재판소, 중앙선거관리위원회, 대통령 등(가세한 검찰과 법원도 국가반란의 공범)이 범한 위법행위로 인한 가짜 대통령으로부터의 법에도 없는, 원치 않는 지배 통치를 받는 국민이 입은 손해의 원인 일체는 대한민국이거나 관련 헌법기관이거나를 불문하고 여하튼 위법한 행정행위로써 이루어졌음은 확실하다.

때문에, 불법 가짜 공화국 문재인 일당으로부터 받은 불법통치 피해에 관한 국민의 위자료 청구소송은 대한민국과 가짜 공화국 문재인 윤석열 일당의 공동 연대책임의 선상에 위치할 수 있다.

문재인과 윤석열은 대한민국 대통령의 법률상 자격을 갖출 수 없는 아무런 권한 없는 불법 가짜 대통령으로서 형법 제114조상의 '범죄단체 조직'과 다름없는 그 사실상의 ㅈ한 통치 권력을 행사하였다.

또한 이들은 사실상 국가의 공권력을 완전 장악하고서, 헌법기관 및 각 공공기관들에 대한 그 기능을 제대로 이행하지 못하게 하는 국헌 문란하게 불법 부당한 통치 권력 행사로써 국가기관으로서의 기능을 방해 마비시켰다.

똑같은 공권력 행사라고 하더라도 적법한 권력 행사와 부적법한 권력 행사에 있어서, 이미 권한 없는 가짜 대통령으로서의 부적법한 업무지시 자체로서 위법이 발생할 수 밖에 없다.

그런 문재인과 윤석열의 부적법한 사실상의 권력은 각각의 공공기관에 기관장을 임면하며, 실질적인 불법 통치 권력을 행사하면서, 국민의 집회 및 시위할 권리를 경찰력을 동원하여 막았다.

윤석열 집권기에 들어서는 문재인의 사저에 특별히 호혜의 차별을 준 300미터 이내의 시위금지 또한 부당하기가 다르지 않다. 이에 대해 여·야당은 만시지탄이지만 다행이라고 이구동성이었으니 국가와 국민의 암적 존재로만 보인다.

차별금지법 제정안을 들고 나왔던 그들이 내로남불식의 100미터가 아닌 300미터로 차별대우 받고자 하는 뻔뻔스러움이 아닐 수 없는, 몰법 국가로서의 진상 그대로였으니, 이들에 의하여 헌정질서가 바로 설 수 있기를 기대하는 것조차도 어리석음이 아닐 수 없다.

코로나19 전염병 방지 차원에서 전혀 합리성 없는 규제로서 국민의 일상생활과 경제생활에 지나친 탄압을 가한 것 또한 사실이다. 실내 2미터의 거리를 두어야 하는 기준에 의하면, 전철 운행에 있어서 1량에 몇 명만 탑승해야 함에도 이것에는 특별히 규제하지 못했다. 오직 국민의 목을 조르는 경제생활과 일상생활에 장애를 줘서 삼삼오오 모이지도 못하게 하는 탄압을 가한 불법정권이었다.

그런 적절치 못한 예방접종의 부작용으로 갑자기 사망하였거나 장애를 입은 피해자도 적지 않다. 국가는 이들 유족과 피해자에 대하여 무과실책임주의無過失責任主義로서 보상하여야 할 일이다. 무과실책임주의란 어떠한 손해 발생에 있어서 고의 또는 과실이 없는 경우에도 그 배상 책임을 진다는 것으로서, 과실이 있을 때 책임 있는 과실책임주의와 대립하는 개념이다. 무과실책임주의는 근대의 과실책임주의에 대한 수정으로서, 현대 문명의 발달에서 나타나는 그 피해의 입증이 곤란한 경우에 있어서, 그러한 결과 발생에 대한 개연성이 있는 원인 제공자에 대하여 보상이나 배상의 책임을 부여하는 것이다.

전염병 확산의 방지를 위한 예방접종으로 강제력까지 동원된 만큼, 그로 인한 예측하지 못했던 피해의 결과에 대해서 국가로서는 손해의 원인을 제공한 입장에서 응당 책임을 지고서 배상賠償(남에게 부적법한 행위로 입힌 손해를 물어 줌)이 아닌 보상補償(국가 등이 적법한 행위로 국민에게 가한 재산상의 손실을 갚아 줌)의 차원으로서라도 책임을 져야 함은 지극히 당연한 이치이다.

하물며 사기업 운영상의 항해航海와 여행객 사이에서 발생한 손해에 대해서도 보상한 세월호 사고의 경우도 있었는데…… 국가가 예방접종 받기를 강제까지 하고서는 인과관계 불명의 입증곤란을 이유로써 책임을 회피함은 국민에 대한 국가로서의 도리가 아닌 것이다.

　민법은 감독자나 사용자의 책임에 있어서(제755, 756조) 무과실의 입증책임을 그들에게 전환시켜 무과실의 입증을 곤란케 하거나, 무과실의 항변을 받아 주지 않음으로써 무과실책임에 가까운 결과책임結課責任을 부담시키는 사례가 있고, 또한 시설공작물의 소유자에 대한 손해배상책임損害賠償責任에 관한 규정(제758조)도 무과실책임주의에 기반하고 있다.

　이렇게 문재인 일당이 지급할 위자료 청구금액에 있어서 대한민국이 지급보증하고 있는 형태를 갖춘 소송이 되니, 판결금 못 받을 우려도 없다만, 헌법수호단이 위자료 청구를 제소함에 있어서, 피고와 국가를 공동피고로 하기에 족하고, 판결금 확보에도 수월하지만, 피고가 저지른 재정 궁핍 내지는 고갈 상황에 설상가상 격이 될, 이 사건 소송으로서 나라의 재정을 악화시키는 거대한 액수의 반국가적 공동소송을 행사하고 싶지 않았음이다.

　위법한 행정행위와 민사상 불법행위 책임에 관하여 판례는『행정행위의 하자가 취소 사유로 됨에 불과한 경우에 있어서도 그것이 위법함을 전제로 불법행위의 성립요건을 갖추고 있음을 주장·성립하여 국가를 상대로 민사소송에 의해 손해배상을 구하는 것은 행정행위의 공정력과 상치되지 아니하는 것으로서 가능하다.』[서울고법 1988. 03. 18. 선고 87나2968 판결참조] 하물며, 행정행위의 하자가 취소 사유일 경우도 이러한데, 불법 탄핵으로 인한 그 무효에 있어서는 더 말할 필요조차 없다.

PART
5

대통령 박근혜님께 드린 편지

1

민족중흥을 위한 역사적 사명을
다해 주실 것을 학수고대합니다

고난의 운명을 지고 역사의 능선을 타고
이 밤도 허우적거리며 가야만 하는 국민이 있다.
고지가 바로 저긴데 예서 말 수는 없다.
넘어지고 깨어지고라도 한 조각 심장만 남거들랑
부둥켜안고 가야만 하는 국민이 있다.
새는 날 핏속에 웃는 모습 다시 한번 보고 싶다.

그렇습니다. 박근혜 대통령님.

여기 먼저, 괴로우나 즐거우나 나라 사랑하며, 분명히 가야만 하는 역사적 사명을 띤 국민이 있습니다. 박정희 대통령님께서 꿈꾸셨던 '부국강병의 나라 대한민국'이 나아가야만 하는, 우리는 민족중흥을 위하여 역사적 사명을 띠고 이 땅에 태어난 국민입니다.

민족의 영웅 박정희 대통령님께서는 겨레의 민족교육헌장이 아니라, 대한민국 국민교육헌장을 제정하시고 설파하시며, 국민 앞에 몸소 실천으로 이끄신 위대한 지도자이셨습니다. 일찍 이렇게 살아 계신 1968년, 이 때에 국민의 사명으로서, 장차로는 민족중흥을 시키라고 유훈을 남기고 계셨습니다.

반공을 국가시책으로 정할 만큼, 철저한 반공주의자이셨던 영웅께서 국민에게 대한민국을 넘어, 당시 김일성에 장악되어 있는 그 북한의 인민까지도 부강케 하는 통일의 민족중흥을 일으키라는 역사적 안목을 갖고 계셨던 분이셨습니다.

영웅께서는 경제정책으로 중화학 철강 공업을 중심으로 경제부흥을 이끈 결과가, 당장의 비료 증산으로 농업의 질을 개선하여, 국민의 보릿고개 고통을 없애 주셨습니다. 철강산업은 당장의 주택난을 개선하고서, 세계 최첨단의 도로교통 시설로서의 편리함과, 오늘날 세계인의 주목이 집중되고 있는 방위산업의 무기수출은 절대적인 철강산업의 밑천이 없고서는 있을 수 없는 일입니다.

대한민국의 성안에 새 보금자리를 잡은 많은 탈북민들은 "남북이 다 같이 전쟁의 폐허에서 시작해, 북한은 굶어 죽는 나라인데, 대한민국이라도 이렇게 부강하니 참으로 고맙고 다행이다"고 이구동성입니다. 반역사 반국가적인 전교조에 의하여 영웅 박정희 대통령님의 존재와 치적이 매몰된 듯하지만, 자유를 찾아온 그분들 스스로 이런 '대한민국의 원동력이 무엇이었나'를 찾고서, 바른 역사를 재인식하며 영웅께 감사하고 있습니다.

이 몸이 죽어, 한 줌의 흙이 되어도,
하늘이여 보살펴 주소서. 내 아이를 지켜 주소서

세월은 흐르고 아이가 자라서, 조국을 물어 오거든
강인한 꽃 밝고 맑은 무궁화를 보여 주렴.
무궁화 꽃이 피는 건, 이 말을 전하려 핀단다.
참으면 이긴다. 목숨을 버리면 얻는다.
내일은 등불이 된다. 무궁화가 핀단다.

날지도 못하는 새야, 무엇을 보았니
인간의 영화가 덧없다. 머물지 말고 날아라.
조국을 위해 목숨을 버리고 하늘에 산화한 저 넋이여
몸은 비록 묻혔으나, 나랄 위해 눈을 못 감고,
무궁화 꽃으로 피었네. 이 말을 전하려 피었네
포기하면 안 된다. 눈물 없인 피지 않는다.
의지다. 하면 된다. 나의 뒤를 부탁한다.

이 노랫말은 선친께서만이 영애근혜令愛槿惠 대통령님께 하실 수 있는 유언의 말씀으로서, 서거하시면서 당장엔 유언 한 마디도 남길 수 없었던 굵게 짧게 살다가 가실 상황이 닥친다는 걸 스스로 예견하시고서 미리 유언으로 남겨 놓으신 것으로 봅니다.

유언은 "참으면 이긴다" 하셨습니다. 대통령님께서는 하야의 종용부터 거부하시며, 투옥, 병고까지 눈물 없인 피지 않을 고난을 이겨 내셨습니다.

유언은 "내일은 등불이 된다" 하셨습니다. 대한민국의 제18대 대통령에 취임하시면서 '희망의 새 시대를 열겠다는 각오'로 대통령 취임석에 오르셨던 대통령님께, 이런 막중한 통일 대통령으로서의 시대적 사명까지 맡겨주신 분은 다름 아닌 선친이신 영웅 박정희 대통령님이셨습니다.

유언은 "포기하면 안 된다" 하셨습니다. 비난, 멸시, 투옥, 병고, 집마저 불법 불의에 빼앗겨도 포기 없이 잘 참아 내셨습니다.

유언은 "하면 된다" 하셨습니다. 이 나라에 수 많은 법조인 법률가가 있어, 때때로 한 노동자의 죽음에는 마치 정의의 사도인 양, 민주사회를 위한답시고 거리로 나서기도 했습니다. 정작 불법 불의에 휩싸인 대한민국 대통령 박근혜님께 가해지는 반국가적인 헌법 파괴의 위법한 결정 처분에 대해서는 대부분의 비굴한 법 지식인은 애써 침묵을 지켰습니다.

하지만 대통령님께서는 참고 이겨 내셨습니다. 포기하지 않으셨습니다. 그러하심에, 정의로운 선열님들께서는 저희로서 완벽한 불법 탄핵이었음의 적법한 법리를 밝혀, 탄핵 파면 궐위 당하지 않으신 대통령으로서, 다시 세상에 정의롭고 당당하게 나서실 수 있도록 하느님께서 우리를 보호하셨습니다. 순국선열님들께서 한 사람의 지도자 대통령 박근혜님의 고난만으로써 이겨, 나라를 평화롭고 정의롭도록 도우셨던 것입니다.

또 유언은 "나의 뒤를 부탁한다" 하셨습니다. 선친께서 천수를 누리셨다 하실지라도, 다 완성하지 못하시고 못 보실 민족중흥을 위하여, 그 남았을 역사적 사명을 영애근혜 대통령님께 다해 달라고 당부하심이 아니겠습니까?

폭력, 폭동, 불법, 불의, 거짓, 과장, 조작, 배신, 가짜가 정의로운 세상이 되었습니다. 이제 이런 망국적 반 정의로움이 그들의 세력으로써, 헌법마저 저들 마음대로 새로 고치려 수작을 펴고 있습니다.

그런 국가반란을 서슴지 않은 불법 불의의 망국적 법조카르텔 세력의 뜻대로는, 선친의 유언마저도 받들지 못하고서, 헌법이 파괴된 채 태극기가 내려지고, 무궁화가 뿌리채 파헤쳐지게 될 것입니다. 나아가 순국선열님들의 안식처가 뒤집어지는 광란과 함께, 광장에서의 인민재판에 의한 엄청난 인간 살처분마저도 우리는 보고 겪게 될 것입니다.

이런 목표를 향하여 2016년 이래, 이듬해 3월의 정유법난을 일으킨 그들의 국가 반란은 지금까지도 우파 보수 정권인 양, 법률주의 포플리즘으로 덧씌워 국민을 속이고 있습니다. 법대로 한다며 국민을 기만하고서는, 괴뢰들의 적화통일 전략 전술인 갖은 국론분열 책동과 공산화 작업은 멈추지 않고 계속되고 있습니다.

현 불법 통치자 수괴 윤석열의 "사람에 충성하지 않고, 법률에 충성한다"는 말장난은, 2022년 원인 없는 대선의 후보 시절에 "문 정부의 초기처럼 적폐청산 수사를 할 것이다"라고 그들에 반조직적인 실언을 했습니다.

이에 대한 수괴 문재인으로부터의 호통에 "저 사전에 정치보복이라는 단어는 없습니다", "대통령에 당선되면 수사에 일절 관여하지 않겠습니다"는 불법 불의로써 굴종 순응해 왔습니다.

근일, 그런 그 조직의 친정 식구인 야당 당수라는 이재명에 대한 구속영장 신청을 앞두고서 "대통령에 당선되면 수사에 일절 관여하지 않겠다"는 약속을 잊은 듯, 미국 출장 중에 대통령으로서 그 구속영장 신청을 재가했다는 언론 장난을 폈습니다.

윤석열은 헌법을 수호할 의무도 없는 불법 가짜 대통령이지만, 역대 어느 대통령 내지 외국의 어떤 대통령의 통치사에도 이런 긴급

재가는 듣도 보도 못했습니다.

또한 외국 출장 중에 야당 당수에 관한 구속영장 신청을 검찰총장도 아닌, 불법 가짜 공화국에서는 수괴인 대통령이 재가로써 관여해야 하는 국가 긴급사항인가 봅니다. 국가 3권분립이 사라진 불법 가짜 공화정에서는 야당 당수의 구속영장 신청에는 검찰총장의 존재를 넘어, 반드시 수괴인 대통령이 긴급히 재가해야만 하는 그런 근거 규정이 어디에 있나 봅니다.

그 긴급한 불법 가짜 대통령의 월권적 긴급 재가에 힘입어, 수괴가 표현한 의지에 다름없이 그에게 구속영장이 발부되었던가요? 불법 가짜 대통령으로서의 뻔뻔스러운 행세 앞에, 눈 가리고 야옹하는 쇼의 행세 꼴이 너무도 얄팍해 보여, 차라리 연민스러웠습니다.

박근혜 대통령님.

대한민국은 이렇게 불법 불의의 망국적 법조카르텔 세력으로부터 철저하게 속는 '법대로'의 대통령인데, 구속영장 신청을 기각 결정한 나쁜 판사에 비난을 모으는 분란 조장에 유도당하여 속고 있습니다.

대한민국의 위상과 달리, 정반대의 길을 가고 있는 몰법의 나라에서, 탄핵 파면 궐위 당하지 않으신 적법한 대통령님께서는, 새 시대를 열겠다는 그 취임의 각오와 선친의 유언을 잊어서는 안 될 것입니다.

그 간의 불법 불의에 대한 통한痛恨, 옥고獄苦, 병고病苦마저도, 일신만의 평안을 위하여 다 내려놓고서, 그들의 적법성을 찾을 방도는 전혀 없습니다.

불법 가짜 공화국의 19대 문재인 수괴, 20대 윤석열 수괴를 적법하듯 역사 속으로 추스려 담아 용납하려 하신다면, 그 자체가 불법이자 불의로서, 장차로는 영영 재건하지 못할 대통령님의 굴종이 결국에는 나라의 폐망으로 이어지고 말 것이라 봅니다.

  대통령님께서는 스스로 이 나라의 국가발전에 대통령으로서 취임하시면서, 국민 앞에 "나는 헌법을 준수하고 국가를 보위하며, 조국의 평화적 통일과 국민의 자유와 복리의 증진 및 민족문화의 창달에 노력하여, 대통령으로서의 직책을 성실히 수행할 것을 국민 앞이 엄숙히 선서합니다" 라고 하셨습니다.

  저희 헌법수호단은 대통령님께서 섣부른 불법 불의에 탄핵 파면 궐위되지 못한, 엄연한 이 나라 대한민국의 적법한 대통령임을 밝혀 드리기에 할 수 있는 최선을 다했습니다. 수 많은 법조 지식인들이 침묵하는 세태 속에서 일반의 시민들이 국회와 헌법재판소, 중앙선거관리위원회, 가짜 공화국 수괴들에 이르기까지 그 망령된 악폐를 상세히 다 밝혀 드림은 결코 예사로운 일이 아닐 것입니다.

  저희들이 이만큼 해드린 것만으로 지극하신 나라 사랑의 정무복귀에, 초헌법적 비상대권으로, 취임사로써 설하신 국민과의 약속을, 선친께서 당부하신 유지를 받들어, 민족중흥을 위한 역사적 사명을 다해 주실 것을 간곡히 앙망 올립니다.

2

대통령님께서 2016헌나1 탄핵심판 재심청구 하십시오!
(헌법재판소 심판 규칙 제52조, 재심의 심판절차)

　대통령님, 그간에도 안녕하셨습니까?
　날씨가 많이 차가워진, 다들 겨울나기에 바빠진 듯합니다. 지난 2023년 11월 7일에는 윤석열씨의 방문을 받으시고서, 아주 흡족한 답변을 들으신 듯, 대통령님의 용안이 아주 밝아 보여 좋았습니다. 아마도 빠른 시일 내에 적법한 정무복귀 이루시리라 기대합니다.
　대통령님께서는 그간 저희의 수많은 탄핵무효 소송에 일체 관여 언급 않으셨는데, 지난 형사재판 과정에서 사법부로부터의 정의로움을 도저히 기대하기 어렵다고 보신, 아마도 그 연장 선상이셨을 테지요? 이제는 대통령님께서 변호사에 시켜서, 지난 불법 탄핵 2016헌나1 사건의 재심을 진행하심이 좋을 것 같습니다.
　2017년 정유법란은 헌법재판소에서 헌법재판이 아닌, 헌법이라고는 안중에도 없었던 헌법개판에 불쾌하기로 이루 말할 수 없고, 그 치욕이며 옥고를 어이 말과 글로써 표현이 되겠습니까? 하지만, 기분이 나빠도 해야 하는 탄핵심판의 재심을 변호사를 보내 진행하면 되는 것이고, 그 불법 탄핵이었음에 관한 명쾌한 법리는 어느 법률가에게서도 없었던, 저희 헌법수호단이 펴낸 『대한민국은 왜 불법탄핵을 저질렀나?』 책으로 이미 소상히 밝혀 드렸습니다.

뇌물을 받았다고 하는 경제공동체 성립 논란이며, 태블릿PC 조작에 관한 진정성의 논란을 할 필요조차 없는, 국가운영을 위한 공법상의 강행규정을 위반한 적법절차의 원칙을 위배하였음에 근거하시면 될 일입니다. 끝까지 저희 이름으로 준법투쟁의 승리를 거두어 드리고 싶지만, 헌법재판소의 불법 탄핵에 있어서 제3자인 저희는 탄핵심판의 당사자가 아니므로 재심을 청구할 수가 없습니다.

2017년 3월 10일에 있었던 이정미 등 9인이 헌법을 파괴하고 저지른 국가반란의 정유법란은 원천적 절대적인 당연무효로서, 그 파면 선고에 관하여 반드시 재판을 받아야만 취소되거나 무효가 됨이 아닙니다. "대통령 박근혜를 파면한다"는 그 본래가 아무것도 아니었음이니, 대통령님께서 불법 탄핵으로 인한 무효를 선언하시고, 정무에 복귀하시더라도 현행 헌법과 법률상의 적법성에 아무런 문제가 없습니다.

하지만, 이 나라의 비굴한 법조카르텔 조직체의 침묵 방관과, 이러한 사실을 아직도 정확히 모르고 있는 국민에게 그 재심의 판결문으로써 국민을 일깨워 줄 필요가 있습니다. 국민들이 나라의 정치행태를 바로 보고, 정확히 알 수 있도록 할 필요성은 아주 중대하다고 할 것이고, 그렇게 진실이 거짓으로, 거짓이 진실로 오도되며, 세대 간마저도 단절된 우리 사회를 다시 하나 될 수 있는 국론 통합을 이뤄내기에 크게 기여할 재심이 될 것이며, 대통령의 명예회복을 위해서도 반드시 역사의 오점을 지워내야 할 일입니다.

헌법재판소법 제39조(일사부재리)는 '헌법재판소는 이미 심판을 거친 동일한 사건에 대하여는 다시 심판할 수 없다' 하는 중복되는 심판청구를 허용하지 않으면서도, 헌법재판소 심판 규칙 제52조에서는 '재심의 심판절차에는 그 성질에 어긋나지 아니하는 범위 내에서 재심 전 심판절차에 관한 규정을 준용한다'고 하여, 원 탄핵심판 당사자의 재심청구를 허용하고 있습니다.

물론 재심청구를 함에 있어서, 수임받은 변호사가 응당 잘 알아서 하겠지만, 제53조(재심청구서의 기재사항)을 갖추면 될 것으로, 재심청구에 아무런 문제가 없습니다.

대통령님,

거듭 말씀 올리지만, 정유법란의 탄핵정국에서 나라를 망칠 촛불 반란이 갈구했던 바와 달리, 그들의 섣부른 불법 탄핵으로 인하여 분명히, 대통령님께서는 탄핵 파면 궐위되지 않으셨습니다. 대통령님께서는 불의에 맞서 '하야' 종용을 거부하고서, 불법 탄핵선고로 권좌에서 내쳐져서는 대통령의 형사불소추특권도 무색하게 불법 수사, 구속감금, 부당한 형사재판을 거쳐 기결수로서의 삶을 수년간 눈물과 고난으로써 감내하셨습니다.

대한민국의 대통령은 힘센 아무나 행세하면 되는, 적법하지 못한 수괴에 의한 불법 가짜 공화국이라도 좋은, 나라의 대표인 적법한 대통령일 필요도 없는, 나라에 국가의 기본 헌법이 없는 이런 상황에서의 국가재건이 시급하고도 절실히 필요한 때입니다.

우리의 민의를 대신하여 대변하는 국회의원이 있었습니까? 정유법란을 일으켜 대통령을 불법으로 내친 헌법재판관, 그들이 법과 양심에 따라 판결하던 훌륭한 법관 판사였겠습니까? 이렇게 이 나라의 민의는 불법으로 탄핵을 소추한 234인의 국회의원들과 9인 헌법재판관, 나라 훔치려 든 그들 도둑들의 양심에 저희는 끓어오르는 분노를 억눌러 삭힐 수가 없었습니다.

　나라가 패망하는 역사 속에서, 나라 없는 국민은 아무것도 가질 수 없고, 인간으로서의 권리조차도 찾을 수 없었던 전철前轍을 밟고서, 대한민국을 건국하기도 어려웠던 정부수립이었습니다.

　우리 국민들의 피눈물 나는 순국과 경제개발을 위한 노력, 자유민주 우방 국가들의 헌신이 있었던 오늘날의 대한민국을, 7년째 불법 가짜 수괴의 통치로 이어지고 있는 위기의 지속에서, 건설하기는 어려워도 패망 파괴는 일순간에 이루어지는 것입니다. 분명, 나라가 잘못 가고 있는 7년째 불법 가짜 대통령으로서 발전은커녕, 그 반란의 시간 속에서는 오직 나라의 패망, 파괴의 결과만이 우리의 앞날에 기다리고 있을 것입니다.

　대한민국의 적법한 대통령으로서 위대한 영도자 대통령 박정희님의 위업이 국민의 가슴 가슴에 숭배로서 흘러넘치고, 나라 밖 지구촌 인류의 역사에 길이 새겨진 영웅의 업적을 밝혀 주십시오.

　대한민국의 위상과 달리, 정반대의 길을 가고 있는 몰법의 나라에서, 탄핵 파면 궐위 당하지 않으신 적법한 대통령님께서는, 새 시대를 열겠다는 그 취임의 각오와 선친의 유언을 잊어서는 안 될 것입니다.

　부디 선친의 뜻을 받드시어, 이 땅의 역사를 새롭게 여는 통일 대한민국의 대통령이 되어 주시길 간청 올립니다.

3

정의로운 대통령의
'초헌법적 비상대권'이 필요하다

박근혜 대통령님.

정작 불법을 저지른 당사자들은 이렇다 할 적법한 반박을 내놓지 못하고 있는 상황으로서, 대통령님의 힘찬 기개세氣蓋世를 발휘하신다면 헌정질서가 바로 서고, 헌법수호를 이뤄 국권을 정상화시킬 준비가 다 되어 있음이 아닌가 합니다. 또한 방면에서는, 태블릿PC의 조작 사실도 다 드러나, 이제는 더 이상의 불법 탄핵을 숨기거나 변명할 여지가 없게 되어 있습니다.

헌법수호단 원고들의 불법 탄핵에 대한 탄핵무효 소송은 지금도 널리 지방법원에까지 계속되고 있으니, 헌법개판의 불법 탄핵심판은 다시 명확하고도 상세한 법리로써, '반국가 세력의 부패한 이권카르텔 조직' 세력에 의해 허위·과장된 언론으로써 잘못 인식했던 광란의 촛불 감정에 재고될 것입니다.

문재인과 윤석열에 이르는 7년 불법 가짜공화국으로 귀결되는 법리까지 그 아주 완벽함은 법원에 제출된 소송서류와 『대한민국은 왜 불법 탄핵을 저질렀나?』하는 책으로써도 이미 확인되었다 하겠습니다.

이제 박근혜 대통령님의 얼마 남지 않은 임기에, 정당정치가 아닌 적법한 법치, 정당한 국민 정치로써 마무리하시면 될 것으로, 이 마저도 힘드신 상황이시라면 불법 탄핵 선언으로, 대한민국의 헌법과 법률상 적법한 제18대 대통령 박근혜로서의 선언과 동시에 '하야'를 선언하시고서 국정을 쉬면 될 일입니다.

이 나라가 절대적 왕정 국가로서의 박근혜 개인 소유의 나라가 아님은 분명하기에, 더 이상의 국정을 돌보는 정무복귀가 싫다 하시더라도, 그렇다면 중도에 하야하는 제18대 대통령을 이을 적법한 제19대 대통령을 선출하게 하는 헌정질서를 여셔야 합니다. 이것이 대통령으로서 갖는 권리이자 헌법수호 의무인 것입니다.

불법 가짜의 사면(?, 용서)를 받고, 그 정권교대자 윤석열을 만나주며, 그 취임식에 참석한 것 등등으로서, 대통령님께서 나라의 정권을 불법 가짜 괴뢰들에게 임의로 넘길 수 없는, 엄연히 '주권이 국민에게 있는, 대한민국 자유 민주 공화국입니다'.

윤석열을 만나며 그 취임식에 참석한 것으로, 두 사람이 불미스럽게 불법 탄핵에 얽힌 오해와 앙금을 화해로써 풀었다고 썩은 악취를 토해 낸 언론은 참으로 역겹지 않을 수가 없었습니다.

대한민국이 박근혜 대통령님 개인 소유의 절대 왕정국가 아닌, 국민의 나라를 대통령님 마음대로 불법 가짜 괴뢰들에게 혼자만의 결정으로 나라와 통치 권력을 넘길 수는 없는 일입니다. 그렇게 간단히 불법 가짜 '반국가 세력의 부패한 이권카르텔 조직' 세력에게 국가권력이 이양될 수 있는 일이 아닙니다.

이런 방식으로써, 지금까지의 잘못된 불법 국정 통치를 분명히 바로 잡고 가야 할 책무가 있는 대한민국의 가장 중요한 위치에 있는 대한민국 대통령 박근혜이며, 권한에 수반한 적법한 권리로서의 국군통수권도 박근혜 대통령님의 권한인 것입니다.

탄핵 파면 궐위되지 않은 대통령을 착오·착각 속에 팽개쳐 두고서, 새 대통령으로 19대 20대를 뽑을 법률상의 이유가 없었음이니, 정무에 복귀하여 남은 임기를 완성하시거나, 불법 탄핵에 의한 명백한 대한민국 대통령임을 선언하시고서, 바로 '하야' 선언을 함으로써 이후 다시 적법하게 제19대 대통령이 선출되어야 함이 참으로 적법 타당한 이치입니다.

정무에 복귀하시어 남은 임기를 완성하겠다 하신다면, 정당정치가 아닌 국가 최고의 영도자로서, 헌법이 파괴되고, 대통령이 불법 탄핵으로 내쳐지며, 불법 가짜 대통령을 만들어 무단통치하는 헌정질서가 무너진 세상에서는, 정상적인 헌법에 의하여 통치가 될 수 없는 실로 엄청난 국난을 겪고 있는 상황을 대통령으로서 극복해 내셔야 할 일입니다.

대통령의 국회해산권도 없는, 비상계엄령 발동에 국회의 계엄해제요구권으로 대통령의 권한이 무색해질 수 있는 상황에서『초헌법적 비상대권』으로 국군통수권을 행사하여 반헌법 불법세력을 단죄할 수 밖에 없는 것입니다.

나라가 정상적인 국정 통치라면『초헌법적 비상대권』의 용어가 사용된 것만으로 이미 국가반역의 모반이 될 것이지만, 이미 7년째 헌정질서를 파괴하고서, 적법한 대통령이 아닌, 불법 가짜 수괴가 통치하는 가짜공화국에서, 먼저 그들의 죄를 물어야 하는 것입니다.

적법한 대통령으로서의 『초헌법적 비상대권』이 아니고서는, 나라가 겪고 있는 위난의 극복이 참으로 어려운 상황에 처해 있습니다.

지금도 적법하신 대한민국 제18대 박근혜 대통령님.

『초헌법적 비상대권』하의 국군통수권은 적법한 대통령에게 있는 것으로, 대한국군은 국민의 군대이지, '반국가 세력의 부패한 이권 카르텔 조직' 불법 가짜 공화국의 사병私兵이거나 대한민국의 반란군이 아닙니다.

대한민국의 법치수호는 대통령이나, 대한국군이나, 국민 모두가 국가안보와 함께 지켜내야 하는 대한민국 국민으로서 그 무엇에도 양보할 수 없는 급박하고도 절대적인 사명인 것입니다.

부득이한 여러 이유 때문에, 정법한 대통령으로서 더 이상 정무를 수행하기 어려워 거부하시고 싶을지라도, 헌법이 파괴된 불법 가짜 공화국의 통치가 계속되고 있는 세상을 바로 세워 주셔야 할 국가적 최고 책임 있는 정법한 대통령으로서의 필수 책무입니다.

대한민국 건설의 위대한 영도자 대통령 박정희의 위업이 국민의 가슴 가슴에 숭배로서 흐르고 있고, 나라 밖 지구촌 인류의 역사에 길이 새겨진 영웅의 업적이, 끝내 바른 말씀 한 번 하지 않으시는 영애 대통령 박근혜의 침묵으로써 '대한민국 대통령 박정희'의 명예와 대한민국의 법치, 대통령 박근혜의 명예까지 모두 송두리째 손상되어서는 아니 될 일입니다.

대한민국 대통령은 누구나 할 수 있는 것이다만, 적법하게 선출된 자만이 대통령을 할 수 있는 것이지, 그렇지 못한 자까지 아무나 불법으로 대통령을 할 수 있는 그런 미개 무지한 대한민국이어서는 안 됩니다. 헌법과 정의가 이러함에도, 헌법이 파괴된 채, 불법통치가 자행되는 대한민국 수호에 국민 모두 누구나 나서야 할 일입니다.

　대한민국 헌법수호단원 모두는 박근혜 대통령님의 정무복귀가 정답으로 인식하고 있는 애국 국민은 불법 가짜 대통령이 지배하는 미개한 나라가 아닌, 정치를 잘하든 못하든 그것은 후차적인 문제로써, 오직 헌법과 법률이 살아 있는 적법한 대통령이 지배하는 그런 나라를 우리 모두 생명을 걸고 지향 완수할 일이라 여깁니다. 이것이 국법의 제정 목적이었고, 존재가치이기 때문입니다. 어느 작은 동아리 모임의 회칙보다도 못한 이 나라의 헌정질서는 반드시 엄정하게 다시 재건되어야만 나라가 있고, 국민이 있는 대한민국이 될 것입니다.

　이왕지사 윤석열씨가 잘하고 있는 것 같으니, 그에게 맡겨 계속 잘 할 수 있도록 하자는 생각을 갖고 계신다면, 이것은 아주 위험한 발상이 아닐 수 없는 것이니, 분명 국법에 맞게, 법의 존재가치와 헌정질서의 개념을 재고하셔야 할 것으로 봅니다.

　국법이 동아리의 회칙보다도 못한 나라가 되어서는 나라로서 위태롭기 그지 없는, 국가 안위를 보존하기도 어렵거니와, 이미 이 정도로 우리 사회는 수괴가 권좌에 올라 무단통치를 행사하고 있는, 망국 적화의 막바지에 이르렀다는 것을 명심하셔야 할 일입니다.

　적법한 대한민국의 대통령으로서 헌법수호의 책무를 끝까지 다해주시기를 간곡히 당부 드립니다.

4

박근혜 대통령의 임기는
법 그대로 살아 있다

아직도 지극히 적법하신 박근혜 대통령님.

"내가 헌재의 결정을 지금에 와서 받아들이지 못하겠다고 할 수는 없다. 헌재의 결정으로 나는 대통령직에서 물러났고, 그런 역사적 사실은 흘러간 강물처럼 되돌이킬 수 없다. 하지만 나를 파면시키기 위해 헌재가 제시한 논거에 대해선 여전히 유감스럽게 생각한다. 먼 훗날에 역사가 탄핵의 정당성에 대해 평가해줄 것이라고 믿는다."[2023. 12. 19. 중앙일보plus, 박근혜 대통령 회고록 34편 중에서]

대통령으로서 소속 정당 동지들과 헌법기관들에 의해 그것도 불법으로 당할 수 밖에 없었던 수모며 치욕, 인고를 이루 말과 글로써 다 형언키 어려운 자괴심이 오죽하셨기에 이런 표현으로 회고록에 담아내셨겠습니까?

어느 법률가도 하지 못한, 저희 헌법수호단이 밝혀 드린 탄핵 파면 궐위 당하지 않으신 적법한 대통령임에도, 불법 탄핵으로 파면을 선고한 무례한들에게 당당하신 날선 표현을 접고서, 차라리 불법 탄핵의 상세한 법리를 못보신 듯 물리치는 표현을 하셨겠습니까?

하지만, 대한민국과 국법이 대통령 박근혜의 소유가 아니고, 수괴 문재인이나 윤석열의 것 또한 아니거늘, 헌법재판소의 결정으로 물러난 대통령이거나, 적법한 대통령이거나를 불문한 그런 대통령이라고 하여서, 그런 박근혜라고 하여서, 국헌문란의 국가반란을 불법 탄핵으로 함부로 행사한 "대통령 박근혜를 파면한다"고 하는 선고는 아무런 법률적인 효력을 갖지 못하는 것이기에 대통령님의 기분으로 남은 임기를 한다, 않는다, 할 수 있는 것이 아닙니다.

지난 시간이라 하여 임의로 덮고, 용서하고, 잔여 임기를 무시하고 할 사안의 것이 아닌, 대통령님의 개인적인 내심의 의사로서 그러한 결단을 하고 결의서나 약정서, 합의서를 써 줬다고 하더라도 국법에 반하여 무효일 수 밖에 없는 것입니다.

진정으로 남은 임기의 수행이 싫으시다면 '대통령 임기를 그만한다'는 하야下野 성명으로서 사직서를 제출하심으로써 제18대 대통령의 하야 사직으로부터 헌법과 법률에 맞는 적법한 제19대 대통령을 새로이 투표로써 선출함이 맞는, 적법한 헌정질서가 바로 설 길을 여시는 것입니다.

그런데, 이런 대한민국의 적법한 헌정질서를 박근혜 대통령님도, 문재인도, 윤석열도, 탄핵을 소추한 국회도, 탄핵을 결정한 헌법재판소도, 대부분의 국민까지도 '모르세'하는 아주 이상한 미개 나라가 되어서는 안 되는 것입니다.

그러한 헌법재판소의 잘못된 결정으로 이미 대통령직에서 물러났다는 단정의 표현을 하심은, 이 또한 국헌문란으로 국가반란을 야기한 자들과 다르지 않은 국헌문란 행위가 되는 것입니다.

234인 국회의원과 9인 헌법재판관들이 불법 탄핵을 자행하고서도, 이를 국민에게 속여 대통령을 내치고서는 적극적인 망국 정책으로 이끌 불법 가짜 대통령을 그들이 옹립하였음인데, 이를 역사에 흘려보낸다 하심은 나라를 있게 하신 먼 조상 선열님들의 뜻마저 무시하는 처사가 아닐 수 없습니다.

국회에서 위법한 탄핵소추 가결이 있었다 하여도, 탄핵소추에 따른 탄핵심판의 결정에까지는 탄핵심판 절차이니 존중될 수 밖에 없는 것이고, 그 심판의 결정으로서 쏘아 보낸 파면의 법률효과를 발생시킬 구성요건으로서의 절차적 요건을 여러 가지로 위반함에 따른 빈총·허언으로서의 "대통령 박근혜를 파면한다"는 방아쇠 소리만 났을 뿐, 파면은 일어나지 않았습니다.

그러한 파면의 효과를 일으키지 못한 것은 불법행위자들인 국회의 탄핵소추위원장을 포함한 234인의 국회의원, 그리고 9명의 헌법재판관들이 그 책임을 분명하게 져야 할 일인 것입니다.

하여, 탄핵심판이 불발로 끝난 2017년 3월 10일부터 대통령 박근혜의 정권이 엄연히 존재함이고, 그해 5월 10일부터 문재인의 대통령 행세 5년과, 2022년 5월 10일부터의 윤석열의 대통령 행세는 아무런 법적 구속력이나 효력(=권한)이 없는 불법 정권일 뿐입니다.

그들 문재인과 윤석열의 불법 통치에 대하여 또한 대통령님께서 그들 정권의 정당성을 추인하여 부여해 주고 말고 할 수 있는 것 또한 아닙니다.

군인이 복무 중 수감 영창생활을 하더라도 그 형기를 마치고서 다시 부대에 복귀하여 남은 군 의무복무 기간을 다하여야 하듯, 하물며 대통령이 되기를 자발적으로 원하여 선거에 입후보하여 선출되었습니다.

하지만, 탄핵 파면 궐위되지도 못하시고서 불법 정권을 쥔, 악의 세력들에게 마치 추인하면 될 듯이 윤석열을 만나 주고, "헌재의 결정으로 나는 대통령직에서 물러났고, 그런 역사적 사실은 흘러간 강물처럼 되돌이킬 수 없다" 하시면서 권력을 이양할 수 있는 대통령 박근혜의 왕조국가가 아니기 때문입니다.

때문에, 회고록에 담은 그러한 의사 표현은 아무런 법적 구속력을 갖지 못하는 모르고서 표현하신 무효일 수 밖에 없는 것으로, 적법한 대통령으로서의 임기 5년에 있어 그 남은 임기는 국정을 하고 싶다거나, 하기 싫다 하는 임의의 의사를 표시할 수 있는 게 아닙니다.

그런 잘못된 결정에 대하여 '대통령직에서 물러났다'고 하심은 헌법과 법률에 명백하게 반하는 잘못된 것으로, 회고록에 담은 위 문언의 소회는 아무런 법적 의미를 갖지 못하는 것입니다.

정작 그토록 남은 임기를 수행할 뜻이 없으시다면, 분명 적법한 대통령으로서 대통령직을 사직하는 하야를 선언하고서, 적법한 제19대 대통령을 선출하도록 헌정의 일정을 열어 주셔야 합니다.

말단 공직이거나 신입대 병사일지라도 어떤 공직이던 자신이 하고 싶다고 하고, 하기 싫다고 않겠다고 쉽게 말할 수 없는 일입니다.

하물며 국가의 최고지도자로서 반란세력에 속고 밀려서 권좌에서 밀려나 있지만, 분명 국법은 회고록에 담아 낸 대통령님의 소회와 같이 치부해 버릴 수 있는 문제는 아닙니다.

왜냐하면, 이 나라 대한민국은 국민이 주인인 민주공화국으로서,

국민의 나라이고, 국민의 국법에 의거하여, 그 주권으로써 대통령을 해보겠다 하신 박근혜를 헌법에 의하여 국민이 다수표로 대통령에 선출해드렸기 때문입니다.

대통령 역시도 국가와 국민의 공복公僕으로서 주권있는 국민인 주인에게 물어 보고, 다수결의 결정을 받아야 할, 분명하게도 대한민국은 민주공화국으로서, 국가반란 폭도들이 정권을 가질 수 없는 것으로, 그렇게 불법 정권의 문재인과 윤석열의 통치는 전혀 그 정당성이 있을 수가 없습니다.

분명하게도 대한민국의 적법한 대통령은 박근혜 대통령으로서, 권좌에서 밀려나 있는 참에, 다시 일어설 것 없이 불법 정권에게 불법통치를 하게 할 수 있는 정권을 양도할 권리능력이나 권한이 있을 수 없습니다.

대한민국의 국법이 작은 동아리 회칙이거나 계모임의 규칙이 아니기 때문입니다. 놀이 게임의 법칙보다도 못한 수준으로 실추된 대한민국의 법치가 참으로 창피스러운, 헌법이 파괴되고, 적법한 대통령이 내쳐지고, 그런 몰법국가가 된, 나라가 지금 심각한 위기에 처해있음을 모르는 바 아니지 않습니까?

지난 시간 대통령 직무를 정히 행사하고 있을 당시라 하더라도, 대통령은 국가와 국민이 헌법에 의거하여 부여한 5년의 기한 내에 대표권과 통치 영도력을 갖는 것으로, 그런데 마치 패망하는 왕조국가의 왕처럼 앞으로 윤석열 정권이 잘 해주길 바란다며 개인 임의로 그들의 불법 통치 권력을 인정, 이양할 수는 없는 것입니다.

누구의 나라인데, 그럴 수는 없는 법입니다. 박근혜 대통령님께서 회고록에 담은 표현과 같이 그럴 수 있는 법적 근거는 대한민국 그 어느 법으로도 찾을 수가 없을 것입니다. 그런 법은 없습니다.

문재인이나 현 윤석열에 이르기까지 수괴들은 계속적으로 5.18정신을 헌법 전문에 담아야 한다는 둥, 북한이 주장해 온 연방제 실시를 근저에 깐 의원내각제 개헌론을 거론하고 있습니다.

우리나라는 북한을 주적으로 하는 휴전 중인 남북이 대치하는 특별한 안보정국을 지니고 있어, 현 대통령제의 장점으로서 의원내각제보다는 안정적이라는 것과 소수파의 권익을 보호하면서도, 대통령의 독재화가 우려된다는 빌미를 들고 있습니다. 이런 현 헌법에는 대통령의 국회해산권을 없앴고, 오히려 대통령의 계엄선포에 국회의 계엄해제요구권까지 안겨 됐습니다.

반면의 의원내각제는 영국에서 유래된 것으로, 수상을 의회에서 선출되게 되는, 대통령제 구조와는 달리 집행부가 이원성을 가지고 있어, 의원내각제하에서는 입법부 집행부 상호간의 협력관계를 유지한다는 것으로서, 독재정치의 방지가 가능하고, 책임정치 실시라는 장점이라는 것이나, 이로써 다수당의 횡포가 있을 수 있어, 현재 보고 있는 거대 야당 정국으로 인한 국정, 더우기 안보의 불감 불안정은 바람 앞에 등불이 되고 말 것입니다.

현재 우리나라는 대통령제이지만, 부분적으로 의원내각제적 요소를 발견할 수 있는, 정부가 법률안을 제출할수 있다는 점이나 대통령이 국무회의 의장이라는 점등을 보면 확인이 됩니다. 이런데도 정유반란 주사파 무리들이 계속 주장하는 의원내각제 개헌론은 분명 나라의 패망으로 넘어가는 길일 뿐인 것입니다. 적법한 대한민국 대통령 박근혜님. 다시 한 번 심기일전하시어, 국민과 함께 정법하게, 정의롭게 대한민국을 사수해 주시길 앙망 촉구 드립니다.

5

먼 훗날의 역사평가에 맡길
불법 탄핵이 아닙니다

  박근혜 대통령님,
2024, 값진 갑진甲辰년 새해를 맞았습니다.
통일 대통령으로서의 위업을 거두시는 보람찬 해이기를 기원합니다.
헌법기관들이 헌법을 파괴해서는 대통령을 내치고, 국가의 3권 분립 체제며 국가로서의 정체성마저도 말살시켜 가는 불법 가짜 대통령 그 7년의 불법 통치를 잇고 있는, 이런 몰법 국가가 북한 외 또 어디에 있겠습니까.
  경제적인 풍요만 누릴 뿐이지, 그 이면에 녹아버린 국민 의식이며 반공 의식은 심히 국가 안위를 우려하지 않을 수 없는 지경에 이르렀습니다.
  국가를 대표하는 대통령으로서 지나온 시간이 참으로 번민 많으셨던, 원망스럽고 눈물 나는 인고의 시간을 보내셨습니다만, 애국가는 "이 기상과 이 맘으로 충성을 다하여, 괴로우나 즐거우나 나라 사랑

하세" 라고 노래하고 있습니다.

　국가의 존재 안위는 그 무엇에도 후차적일 수 없는, 방치 방관 방임하며, 우리 모두가 자살할 수 없는, 괴롭더라도 나라를 구하는 일에 적극 나서야 합니다.

　세상이 참으로 야속하기가 이루 형언할 수 없지만, 적법한 헌법수호의 최고책임자로서, 모자란 국민을 계도하기에 이용될 탄핵무효에 관한 법원의 판결문이며 헌법재판소의 재심 결정문은 국론통합에 아주 유용할 것입니다.

　저희는 세상 어느 법조인과 감히 견줄 그 이상의 명쾌한 법리로서, 대통령님의 탄핵 파면 궐위되지 않았음을 소상히 밝혀 드렸습니다.

　하여, 대통령님의 회고록에서 불법 탄핵에 관하여 밝혀 준 저희 헌법수호단을 언급해 주시지 않을까 기대해 보았습니다만, 이미 밝혀진 것을 두고서도 대통령님께서는 애써 이렇게 회고록에 밝히셨습니다.

　『내가 헌재의 결정을 지금에 와서 받아들이지 못하겠다고 할 수는 없다. 헌재의 결정으로 나는 대통령직에서 물러났고, 그런 역사적 사실은 흘러간 강물처럼 되돌이킬 수 없다. 하지만 나를 파면시키기 위해 헌재가 제시한 논거에 대해선 여전히 유감스럽게 생각한다. 먼 훗날에 역사가 탄핵의 정당성에 대해 평가해줄 것이라고 믿는다.』

　헌재의 결정을 받아들인다거나 못 받아들인다는 대통령님 개인의 판단으로서 성립할 수 있는 것이 아니라, 나라의 법으로서 대통령님께서는 탄핵 파면 궐위되지 못하셨기에, 적법한 대통령으로서 소임을 다해 주셔야 하는 국법으로서의 가치인 것입니다.

　헌재의 지난 대통령님에 대한 파면 결정은 악법도 법으로서 그런 악법에 의하여 파면된 것이 아니라, 정법한 헌법과 법률을 무시 파괴하여 '파면' 결정을 내린 국가반란 형태의 것이지, 그것을 악법으로 볼 일이 아닌, 그들 관련자들을 반드시 반란의 악인으로 처단할 일입니다.

그리고 흘러간 강물처럼 돌이킬 수 없는 것이 아니라, 불법 탄핵의 제1선 피해당사자이신 대통령님께서 건강히 살아 계심으로써, 잘못된 것은 회복할 수 있는 것인데도 하지 않음은 국법의 모욕이자 국민에 대한 또 한 번의 기만일 수 밖에 없는 것입니다.

잘못 건너간 물건은 되받으면 되는 것이고, 잘못 내쳐진 파면은 다시 복귀토록 하여야 함이 정의인 것으로, 이를 지극히 개인적인 일로써 간주하시어, "됐어"할 수 있는 것이 아닌, 국법의 차원에서 이해하셔야 할 일입니다.

"됐어"라고 할 수 있기 위하여는, 이 나라가 대통령님의 나라, 전근대적인 왕조 국가여야 가능한 것입니다. 누구의 나라이고, 누구의 법인데 대통령님께서 이 나라의 헌정질서를 또 한 번 더 무너뜨리는, 지극히 개인적인 일로 치부하실 일이 아닙니다.

잘못 구사한 불법을 지적하고서, 이를 바르게 해야 한다는 저희의 아우성은 단지 저희 헌법수호단만의 아우성이 아니라, 헌법 질서를 바로 세워야 한다는 많은 국민의 아우성이기도 한, 아니 그 이전에 법은 법대로 준엄하여야 하는 것입니다.

헌법기관들이 자행한 불법 탄핵은 법이 아니었으며, 적법한 대통령이 법일 뿐입니다. 차라리 정녕 정무복귀로 국정을 돌보기 싫으시다면 하야 선언을 하고서 19대 대통령을 선출하는 헌정질서의 문을 여셔야 한다는 것입니다.

하지만, 대통령님께서는 윤석열씨를 만나시면서 정무 복귀의 궤도를 밟고 계신 것으로 이해하고 있습니다. 그런 행보에 있어서 정치적으로 탄핵 무효 선언으로서도 충분하겠지만, 법의 허울로써 옭아매었던 불법 탄핵에 관하여 법리로써 말하는 법원의 선고로써, 헌법재판소 재심의 결정으로써, 국민을 충분히 이해시켜 줄 필요가 있다고 봅니다.

법리의 해설 없는 회고록만으로써 거두절미하고 지난 탄핵심판 절차는 법률적으로도 잘못된 것이니, 사실상의 대통령 윤석열씨가 비켜서고, 적법한 대통령께서 다시 정무에 복귀하신다하면 이해하지 못할 국민의 머리는 국론분열로서 소요만 계속 잇게 될 것은 너무도 뻔한 일 아니겠습니까?

"탄핵당한 대통령이 어떻게 다시 정무에 복귀를 할 수 있나?"하는 의아스러워할 머리를 충분히 이해시켜 줄 필요가 있는 이유입니다. 그리고 저희의 순수 애국심의 발로로써 불법 탄핵이었음을 법리적으로 이미 소상히 다 밝혀 드렸음에도 극구 '먼 훗날에 역사가 탄핵의 정당성에 대해 평가해 줄 것이라고 믿는다.' 고 하신, 불법 탄핵으로서의 법리적 정당성이 부족하다는 말씀이신지? 그래서 탄핵할 상황으로서의 시대적 배경 및 지금 이를 밝힐 법리적 불충분으로 보신다는 것인지? 저희로서는 황당 의아스럽지 않을 수 없습니다.

이런 저와 헌법수호단의 그간 노력도, 대한민국을 지켜내고자 하는 국민된 애국심의 발로로 밝혀 드린 불법 탄핵이었다라고 하는 법리적 진실의 소리마저도, 애써 무시, 무심, 배척할 필요는 없다고 봅니다.

정치권 권속들이 저지른 그들 나쁜 소행이 있어, 태극기를 들고서 순수애국을 펼친 국민 앞에 나서기 두려울, 태극기 애국자들에 저들의 자리를 내어 줘야만 할 것 같기에 더 더욱 골수, 보수, 극우하며 태극기 애국자들을 터부시하고, 저들의 과오에 대하여 스스로들 모두 침묵하고 있음을 알고 있습니다.

골수, 보수, 극우, 태극기 애국자가 챙겨 드리는 수고로움에 대한 부담은 거두시고, 부디 국론통일을 도모할 수 있는 방법상의 수단으로써 탄핵무효에 관한 법원의 판결문이며 헌법재판소의 재심결정문으로 반란자들을 다스리고, 국민 앞에 불법 탄핵의 정의와 진실을 드러냄으로써 국론통합 이뤄 주시기 바라는 마음입니다.

그리고 2016년 탄핵정국 이래 많은 전국 국민은 스스로 광장으로 나서서, 목메이는 눈물의 "탄핵무효"를 외쳤습니다.

촛불을 들고 광란의 밤을 밝힌 -거짓과 농간에 속은- 국민들 역시 나라를 걱정했을 터이지만, 태극기를 들고서 나라의 위태로움을 걱정하며 애태운 분들 역시 나라의 주인, 국민입니다.

당장의 태극기를 드신 분들은 몸소 박정희 대통령님과 함께 뼈아픈 역사를 일으켜 내신 어르신들로서, 나라와 대통령 박근혜님의 안녕을 걱정하며, 목 터지게 "탄핵무효"를 외쳤습니다.

국론결집을 위한 지도자의 면모, 그 행보 수순으로, 그 분들께 감사를 표하시는 한 마디 말씀은 반드시 필요하다 하겠습니다.

가장 쉽고 가까이 있는 국론결집의 첫 단계일 것입니다.

나라를 위한 일에 뭘 더 주저하실 일이겠습니까?

부디, 제발, 나라를 재건하시고, 국론을 통합, 헌정질서를 수호하여 주시기를 바라는 마음에서, 다시금 재차 오는 재판 선고에 침묵보다는 정의의 메시지를 내어 주시길 간절히 청해 올립니다.

Appendix

High shouting to 500,000 Korean soldiers and 1.17 million civil servants

High shouting to 500,000 Korean soldiers and 1.17 million civil servants
50만 국군과 117만 공무원, 그리고 국민에게 고함高喊

Dear citizens, 500,000 Korean soldiers and 1.17 million civil servants,

We are the Patriotic Constitutional Guard of the Republic of Korea(the Patriotic Constitutional Guard) that seeks to justly protect the laws of the Republic of Korea and its public power. Do you know that the "JungYuBupRan(Year 2017, JungYu Constitutional Revolt)" occurred in this country, Korea, in March 2017? The Patriotic Constitutional Guard dares to address the 500,000 Korean soldiers and 1.17 million civil servants with an earnest desire to save the country by working together to protect this country's destroyed constitution.

On March 10, 2017, as all Korean citizens are well aware, the kangaroo Constitutional court claimed President Park GeunHye to have interfered with state affairs, and the kangaroo Constitutional court judges, who are extremely knowledgable in the law, declared, "President Park GeunHye is to be removed from office." However, the declaration of dismissal from office had no fundamental effect as a "dismissal" committed by the National Assembly and the kangaroo Constitutional court by destroying the Constitution and laws.

It was like aiming an empty gun without bullets and pulling the trigger. The dismissal from the judges was "the national rebellion" that would steal this country. Do you think the words at the beginning of our statements are just nonsense to you? Or are you surprised? Or, as a citizen, are you embarrassed and uncomfortable?

Article 68 of the Constitution also stipulates that "when the President is out of office, a successor shall be elected." However, due to illegal impeachment that does not meet the requirements for taking effect, the decision to "dismissal" by the judges is automatically null and void. Unlike the Candlelight Revolt that would destroy our country during the impeachment period of the JungYu Constitutional Revolt, President Park was not impeached, dismissed, or removed from office due to their hasty and illegal impeachment.

As president, she refused to call for the resignation, and endured years of hardships as a convicted prisoner through illegal investigations, detention, and unfair criminal trials, disregarding the president's privilege of non-prosecution during the term.

If you are not guilty enough to be impeached, but an unfair treatment that makes no sense comes into your life, would you accept it as President Park endured? The aspect of dismissing, "violating the mandatory provisions of public law for the management of the country, has no legal effect and is automatically invalid."

When the National Assembly decided to impeach President Park, ① there was no legitimate evidence for impeachment, and only hearsay was used as evidence for impeachment. ② During the impeachment hearing, the submission of unauthorized modifications to the impeachment resolution was made arbitrarily by Kwon SungDong, Chairman of the Legislative and Judiciary Committee of the National Assembly, without any re-resolution by the National Assembly. Moreover, the impeachment resolution submitted with more change was increased from the initial 39 pages to 73 pages.

When the Constitutional court impeached President Park, ③ the constitutional trial conducted an illegal impeachment trial of violating the National Constitution, ignoring even the exercise of the right to vote on impeachment, which is the normal and inherent authority of the National Assembly. ④ Park HanChul, the outgoing President of the Constitutional court, at the time committed the illegal act of failing to form a plenary court by retiring without replenishing a judge, although he should have done before his retirement.

⑤ Even though with eight people only the constitutional trial can be heard, the "decision to dismiss" was made without permission, gravely infringing on President Park's right to trial in the faulty court. ⑥ The judges of the kangaroo Constitutional court announced the impeachment trial based on evidence collected illegally.

⑦ The presiding judge of the kangaroo Constitutional court committed the crime of instigating and coercing the author to create false official documents regarding the changes to the impeachment resolution that were not approved by the National Assembly with the consent of both parties to the impeachment trial. ⑧ The judges of the kangaroo Constitutional court committed illegal impeachment by illegally applying laws that were to be implemented in the future in advance.

⑨ It was a rebellious judgment against the principles of applying the interpretation of the law, violating the essential content of the right to trial. ⑩ Although the judges should have judged independently according to their conscience, the Constitution and laws, it was a total illegal impeachment without such independence or fairness.

⑪ During the impeachment trial of the incumbent president at the kangaroo Constitutional court, the highest constitutional body in charge of legal affairs in the Republic of Korea, the respondents even coordinated with both sides as if the constitutional trial were a lawsuit arising from a conflict of interest between ordinary civilians.

⑫ Article 84 of the Constitution states, "the President shall not be subject to criminal prosecution while in office, except in cases where he or she has committed a crime of rebellion or foreign affairs." And Article 48(Impeachment Prosecution) of the Constitutional court Act, a subordinate law, stipulates that "any of the following clauses shall apply to the President." If a public official who falls under one category violates the Constitution or laws in the performance of his/her duties, the National Assembly may decide to impeach him/her in accordance with the Constitution and National Assembly Act.

Since the higher-level law was defeated and the impeachment trial was conducted using lower-level laws, President Park who had not committed any crime of rebellion or foreign affairs, considering at the violation of impeachment procedures, did not commit a crime to be impeached, was first removed from power by lower-level laws. They committed an illegal act by excluding and ignoring the "principle of priority of higher law" by exercising the "principle of priority of higher law" under the higher constitutional law.

In such a short period of time due to the illegal conduct of the constitutional trial, there was too much documentation and a tight deadline for the defendant's lawyers not to have time to properly examine the enormous amount of supplementary opinions and evidence submitted by the National Assembly, the prosecutor. This resulted in a sentence of dismissal was "illegal impeachment."

This was the situation in which the dismissal was invalidated due to illegal impeachment. Even though it was such a ridiculous and illegal impeachment of a president who was not even an ordinary person, the National Election Commission held an invalid presidential election with no reason to hold it and elected Moon JaeIn, who received the majority of the votes, and later Yoon SeokYeol as illegal fake president of this country, continuing to illegal rule. This is what was done.

In this fake republic, there are countless cases of election management fraud and evidence of it. Despite this abundance of evidence, the Supreme Court, a judiciary dominated by an illegal fake republic, has also refused to reveal the true justice.

Moon JaeIn and later Yoon SeokYeol, who received the majority of votes in the invalid presidential election, are unable to find legal justification for their exercise of presidential authority and legitimacy for exercising their right to rule.

Dear citizens, did you know that the leaders of the illegal fake republic, Moon JaeIn and Yoon SeokYeol, have committed such serious illegal crimes?

Dear 500,000 Korean soldiers, our Constitution tells the 500,000 Korean soldiers that "the mission of the Armed Forces is to perform the sacred duty of ensuring national security and national defense, and its political neutrality is observed," and that your role is to "ensure national security" as the top priority.

Dear 1.17 million civil servants, as public officials, you have various status-related obligations, including the obligation to take an oath, to obey, to keep secrecy, to maintain integrity and to maintain dignity, while observing the prohibition of group actions and political movements.

Nevertheless, 500,000 Korean soldiers and 1.17 million civil servants obeyed the instructions of Moon JaeIn and Yoon SeokYeol, the leaders of criminal organizations under our criminal law, and members of the anti-national revolt interest cartel for their organized political operations, even unreasonable instructions against law are obeyed without any suspicion and resistance.

Was there dignity as a human being? Has national security been respected according to the will of the legitimate Commander-in-Chief of the Armed Forces? As a public servant of the people, did you legally perform your official duties for the true benefit of the people? Both public and private organizations have the right to refuse work orders that are not legitimate, and such refusal is a legitimate act.

Dear 500,000 Korean soldiers and 1.17 million civil servants,

those of you who carry out public affairs are the citizens of the Republic of Korea who should know about this. However, even though they are the illegal regime members of the fake republic, you did not say a word to them, and for the past seven years, you have been submissive and obedient to the national rebels. While doing so, you have received support from the people of the Republic of Korea.

As citizens of the Republic of Korea, members of the 500,000 Korean military and 1.17 million civil servants, isn't it truly shameful to bow your heads and submit to the puppet leaders of a national rebellion that has no legitimacy at all?

In June 1987, even after getting off work, many people went out to the streets and sparked a so-called democratic movement. However, in March 2017, President Park GeunHye, who was innocent to be impeached as your representative, was thrown into prison by those enemies without even knowing that it was the revolt that caused the national rebellion.

This country, the Republic of Korea, has been under unauthorized rule by Moon JaeIn and Yoon SeokYeol for seven years during the second term of the illegal fake republic with no legality. When the entire country is being stolen and sucked into the swamp of communization, "how are you all?"

The 234 members of the National Assembly who ruined the country through impeachment without any evidence for guilt, the nine judges who destroyed the constitution when they were to protect the constitution, and threw President Park out as an outcast through illegal impeachment. By the "dismissal" of the judges of the kangaroo Constitutional court, we were deceived on a national level even by the acting president who took the lead in deceiving us to accept the sentence.

They are treasonous criminals who caused the national rebellion by "disturbing the Constitution" under Article 91 of the Criminal Act. You must clearly understand that the purpose was not to impeach President Park, but rather to overthrow the identity of the liberal democratic nation of the Republic of Korea.

Article 91 of the Criminal Act clearly defines "disturbance of the national constitution" as extinguishing the function of the constitution or law without following the procedures prescribed by the constitution or law, and overthrowing a state agency established by the constitution by force or making it impossible to exercise its power.

In the framework of the national rebellion that caused the constitutional disturbance, Moon JaeIn and Yoon SeokYeol cannot acquire the status of president as a civil servant. Even with the people's vote by the presidential election, which had no reason to be held following the illegal impeachment, they cannot be sanitized and washed as legitimate.

The gist of the illegality of "impeachment is invalid," a consistent cry of the Patriotic Constitutional Guard for seven years, is that "if the mandatory provision of public law for running the country is violated, it has no legal effect and is automatically invalid."

Moon JaeIn and Yoon SeokYeol, who have kicked out the innocent and legitimate president of the free democratic Republic of Korea and are now taking over the leadership of the illegal fake president, do not have the legitimacy of their authority and are neither the president of the Republic of Korea nor the commander-in-chief of the Korean military.

Even if the regime stolen by 234 members of the National Assembly and nine judges of the kangaroo Constitutional court was purchased through an election in which everyone voted, from Moon JaeIn to Yoon SeokYeol, the rightful owner is President Park GeunHye, whose term of office has not yet ended. Thus, it cannot be their seats of power.

Even though it was clearly a wrong, illegal, and fraudulent impeachment, you just sit by and ignore it as a matter for President Park alone as you were not impeached yourselves, "how are you all?"

Is there any law not to catch a thief in my house? Is there any law citizens should not arrest thieves who are trying to steal our country? Why do public authorities arrest and oppress the good citizens who are trying to catch the thief, instead of arresting him first as part of their official duties?

The lack of common sense of the Korean military and civil servants in this country, which should be normal, is preventing them from catching even the thieves who have entered the country. You, on the contrary, are following the instructions of the intruding thief and carrying out your official duties with sincere obedience. This is the situation that we citizens, the owners of this country, are unable to catch the thief who tried to steal our own country.

Who was harmed by the illegal decision to impeach President Park of the Republic of Korea? Is President Park GeunHye the only victim? There is no need to list how our people's sovereignty is being seriously violated by the North Korea following communists that have ruined our nation. We are living with the inconvenience and infringement of their illegal rule due to social chaos and collapse of security.

Some young students at the time were included in the list of meritorious people in the Gwangju May 18 incident. Why can't they proudly reveal the meritorious people who are suspected of siphoning the people's tax money as free income? Why they don't allow the disclose the list of investigative records of the unauthorized revision of the impeachment resolution?

We cannot understand why the records of the illegal impeachment in favor of revising the Constitution by proudly declaring President Park out of office are not made public. It is because we are now living in the era of the fake republic of the national rebels.

In this difficult situation, does the position of President Park GeunHye of the Republic of Korea, who is still outside of power, indicate that the rule of law is being properly implemented in the country? Our free democratic Republic of Korea's national identity and our people's sovereignty have been subject to the forced detention and unauthorized rule along with President Park since the illegal impeachment in 2017. You must know that you are being drawn deeper into the dark world of communism, socialism and communists every day.

Today, if they were legitimate presidents, our statement to 500,000 Korean soldiers and 1.17 million civil servants to urge you to arrest the illegal and fake leaders will make us instigators of rebellion.

In this way, Yoon SeokYeol's behavior as president, who inherited the illegal regime of leader Moon JaeIn, is an illegal act, however, even if we widely let the world know that he is not the president of this country, it does not interfere with the exercise of rights or his business. Although it is on the illegality or ground for denial, it has been executed as legitimate act.

On the other hand, in defending Yoon SeokYeol with a narrow-minded objection that he is better than the previous Moon JaeIn. If so, there is no need for a constitution or laws in this country. There is only a regime by seizing power to exist. Under such a ruling power, it just can be an act of ignorance that does not realize that the world is becoming a dictatorship in which sovereignty and individual rights to life, body, freedom, expression, suffrage, and the pursuit of happiness cannot be guaranteed at all.

Since the 2017 Constitutional court Revolt, we, the Patriotic Constitutional Guard, have already made countless shouts in front of the Blue House, at Seoul City Hall Plaza, on Gwanghwamun Boulevard, and on borderless SNS. However, even the leader Moon JaeIn and Yoon SeokYeol cannot arrest and detain any member of the Patriotic Constitutional Guard.

Instead of directly arresting the thief in our house, we shouted, "it's a thief!," "He's a thief!" By doing so, we will be considered guilty of defamation or insult. However, the rule of law in Korea has collapsed. It is not only a lawful and justifiable act when the people or the people's army arrest the enemies of the illegal intruders who entered our country, but also a proud patriotic act worthy of a certificate or medal.

Dear 500,000 Korean soldiers and 1.17 million civil servants of the Republic of Korea, we, the Patriotic Constitutional Guard, clearly inform you that our country, the Republic of Korea, is an illegal fake republic in which the national commander-in-chief and public power are completely controlled by an illegal, unauthorized fake leader, and we have been living foolishly for seven years.

We are clearly aware of the fact that unauthorized rule is being carried out by a national rebellious group led by the fake leader. Thus, we strongly advise you of the perception and justification for how you should act.

Please keep in mind that the need to recognize whether the person who appears in front of you is an enemy or not is a guarantee of safety and a basic attitude to fulfill your mission as a public official while preserving your life within the walls of the Republic of Korea.

The Korean military, whose mission is to perform the sacred duty of ensuring national security and defending the homeland, must clearly realize that it is now completely fooled by the enemy in an irregular war without firing a gun, and is trapped in the hands of the enemy.

They are not our president. Those who have the authority to rule the country have the obligation to carry out the country's orders. The tortfeasor's order cannot be an order, so the crime of disobedience does not occur.

Leader Moon JaeIn's reign has passed, and his replacement, leader Yoon SeokYeol, famously said in his director's hearing,"I am not loyal to people," so, it has been engraved in the public's perception that he is"a person who is only loyal to the country, the people and the Constitution."

After receiving the teachings, Yoon SeokYeol was given full trust by the illegal and fake Moon JaeIn regime and he was promoted to the position of Chief Prosecutor of the Seoul Central District Prosecutors' Office. In July 2019, he was even unexpectedly promoted to Prosecutor General, surpassing as many as five ranks.

When he investigated former Justice Minister ChoKuk and his wife, the subsequently appointed Justice Minister Choo MiAe and Park BeomGye pressured him. In the end, he resigned, saying, "it is difficult to watch the collapse of justice any longer." On June 29, 2021, he made a political declaration at the Yoon BongGil Memorial Hall and declared, "I will absolutely establish the collapsed liberal democracy, the rule of law, and the values of fairness that permeate eras and generations."

In the presidential election on March 9, 2022, the leader Moon JaeIn gave a smooth transition of power to No 2 candidate Yoon SeokYeol, who joined the opposition party with "judiciary populism" and was elected by infiltrating the No 2 candidate, guaranteeing the first term of Moon JaeIn's fake republic and ruining the country continuing the second term Yoon SeokYeol's regime. The national identity destructive work is continuously ongoing.

The clear evidence shows that there has been a regime shift, not a regime change in this country. Even before May 10, 2022 when the Yoon SeokYeol regime began, he said as a presidential candidate, "we will conduct an investigation to eliminate deep-rooted evils, just like in the early days of the Moon regime."

In response to Moon JaeIn's scolding about this, he promised Moon JaeIn,"there is no 'political retaliation' in my dictionary," and"if I am elected president, I will not be involved in any investigation," and that promise has been thoroughly fulfilled to this day.

In this way, Yoon SeokYeol also inherited the throne of the leader who can only be a fake president without authority of the second term of an illegal fake republic whose legality cannot be found in the Constitution and laws, and is fulfilling his role in that scope.

In order to continue the illegal regime and complete the work of ruining the country, Yoon SeokYeol uses a clever deception to talk about a "corrupt interest cartel group of anti-state forces" and makes it seem as if Yoon SeokYeol himself were an anti-communist, but he absolutely supports the previous Moon JaeIn regime. It is for the purpose of organizing an illegal fake republic, such as protecting the spirit of May 18 by including the spirit of May 18 in the preamble to the Constitution by amending it.

Dear 500,000 Korean soldiers and 1.17 million civil servants,

Speak up for yourself according to the Constitution and the law before you end up rolling around in the marketplace as a corpse from a people's trial.

Live and speak for justice proudly.

Wake up.

Only when you have a country, you can keep a job and a home.

Wake up now and carry out your value and sacred public duties lawfully and justly.

The Patriotic Constitutional Guard
of the Republic of Korea

Translated ;

by Sandra Yang(YOUTUBE, 'Now Korea TV' Representative)

헌법수호는 국민의 사명이다

1판 1쇄 발행 2024년 1월 26일

엮은이 대한민국헌법수호단
주 집필인 박상구(대한민국 헌법수호단 명예 총단장)
영문역 산드라 양(유튜브, Now Korea TV 대표)

발행인 김기호
펴낸곳 한가람서원
등록 제2-1863호
주소 서울특별시 중구 마른내로 72, 504호
전화 02-336-5695 팩스 | 02-336-5629
전자우편 bookmake@naver.com

ISBN 978-89-90356-55-0 (03360)

저작권자 ⓒ 대한민국헌법수호단, 2024

이 책의 자료 및 사진에 대한 저작권은 저자에게 있으므로
저자의 허락 없이 내용의 일부를 인용하거나 발췌하는 것을 금합니다.